刑法学教学案例研析

（总　则）

杨忠民　莫开勤　刘东根　黄　娜　主编

中国人民公安大学出版社
·北　京·

图书在版编目（CIP）数据
刑法学教学案例研析：总则/杨忠民等主编.—北京：中国人民公安大学出版社，2012.2
ISBN 978-7-5653-0763-8
Ⅰ.①刑… Ⅱ.①杨… Ⅲ.①刑法—总则—案例—中国 Ⅳ.①D924.105
中国版本图书馆CIP数据核字（2012）第010467号

刑法学教学案例研析（总则）

杨忠民　莫开勤　刘东根　黄　娜　主编

出版发行：中国人民公安大学出版社
地　　址：北京市西城区木樨地南里
邮政编码：100038
经　　销：新华书店
印　　刷：北京泰锐印刷有限责任公司

版　　次：2012年2月第1版
印　　次：2012年2月第1次
印　　张：10.25
开　　本：787毫米×1092毫米　1/16
字　　数：210千字

书　　号：ISBN 978-7-5653-0763-8
定　　价：32.00元

网　　址：www.cppsup.com.cn　www.porclub.com.cn
电子邮箱：zbs@cppsup.com　zbs@cppsu.edu.cn

营销中心电话：010-83903254
读者服务部电话（门市）：010-83903257
警官读者俱乐部电话（网购、邮购）：010-83903253
公安图书分社电话：010-83905672

前　言

案例教学是刑法学的重要学习方法之一。通过案例教学，引导学生对典型刑事案例进行深入思考、讨论和分析，不仅可以强化对刑法规范和刑法理论的认识，而且可以训练运用刑法规范、刑法理论和司法解释准确认定案件性质，正确适用刑法的实践能力。为了配合刑法学的案例教学，我们特编写《刑法学教学案例研析（总则)》一书。

本书案例所涉问题主要与刑法总则及相关理论有关。我们对其中一部分案例进行了分析，其他未作分析的案例主要供学生课堂讨论或自学分析思考之用。

本书所收案例均来自于真实案件，但为了适应教学，编写时进行了一定程度的加工。

本书由杨忠民、莫开勤、刘东根、黄娜主编，并由杨忠民、黄华平审定。

具体撰写分工如下：

莫开勤：刑法的溯及力、追诉时效；

付立忠：不作为犯的作为义务来源；

史丹如：犯罪主体；

张冬霞：犯罪故意与犯罪过失；

刘宇萍：正当防卫与紧急避险；

黄娜：故意犯罪的停止形态；

杨金彪：共同犯罪；

刘东根：一罪与数罪；

陈志军：刑罚裁量。

由于时间仓促，加之水平所限，书中难免有不当之处，敬请读者指正。

编　者

2012 年 1 月

目　录

一、刑法的溯及力

（一）案例分析

杨某涉嫌挪用公款案

【基本案情】

被告人杨某，男，1965 年 4 月 9 日生，案发前系某国有公司财务部工作人员。1996 年，杨某与他人投资成立公司。在缺乏投资所需资金的情况下，杨某利用职务之便，多次违规擅自挪用所任职公司公款进行经营活动。1997 年 10 月，公司查账时发现杨某挪用公款事实，遂向公安机关报案。案发后，杨某共退款 45 万元，尚有 25 万元未退还。

【主要问题】

1. 我国刑法溯及力采取的原则是什么？
2. 如何理解我国刑法第 12 条规定的“当时的法律”？
3. 如何比较新旧刑法的轻重？
4. 对本案中杨某的行为应如何处理？

【分析】

刑法的溯及力，是指刑法生效以后，对于其生效前未经审判或者判决尚未确定的行为是否适用的问题。如果适用，就是有溯及力；如果不适用，就是没有溯及力。

关于刑法的溯及力，各国刑事立法或刑法理论有不同的规定或主张。概括而言，主要存在以下四种原则：

（1）从旧原则。从旧原则，是指新法对过去的行为一律没有溯及力，完全适用旧法。这一原则充分考虑了犯罪当时的法律状况，反对适用事后法，对行为人比较公平。但如果某一行为按旧法构成犯罪而新法不认为是犯罪，再依旧法进行处罚就不能实现刑罚目的，因而存在弊端。

（2）从新原则。从新原则，是指新法对于其生效前未经审判或判决尚未确定的行为，一律适用，即新法具有溯及力。这一原则强调，新法适应当前的社会情况，有利于预防犯罪。但是，对行为时法未明文规定为犯罪的行为，依新法按照犯罪进行处罚，违背罪刑法定原则，因而有失妥当。

（3）从新兼从轻原则。从新兼从轻原则，是指新法原则上有溯及力，但旧法不认为是犯罪或者处刑较轻时，则按照旧法处理。这一原则弥补了绝对从新原则的不足，既充分发挥了新法适应当前形势的优点，又认真考虑了旧法当时的具体规定，但因存在适用事后法之嫌，所以采用此原则的国家不多。

（4）从旧兼从轻原则。从旧兼从轻原则，是指原则上适用旧法，新法没有溯及力，但新法不认为是犯罪或者处刑较轻时，则按照新法处理。这一原则弥补了绝对从旧原则的缺陷，既符合罪刑法定原则，又适应当前需要，因而为绝大多数国家所采纳。

我国刑法第 12 条的规定就体现了该原则。刑法第 12 条规定："中华人民共和国成立以后本法施行以前的行为，如果当时的法律不认为是犯罪的，适用当时的法律；如果当时的法律认为是犯罪的，依照本法总则第四章第八节的规定应当追诉的，按照当时的法律追究刑事责任，但是如果本法不认为是犯罪或者处刑较轻的，适用本法。本法施行以前，依照当时的法律已经作出的生效判决，继续有效。"

根据这一规定，对于 1949 年 10 月 1 日至 1997 年 9 月 30 日刑法生效前这段时间内所发生的行为，如果未经审判或者判决未确定，又未超过追诉时效的，应按以下不同情况分别处理：

第一，当时的法律不认为是犯罪的，无论现行刑法认为是犯罪或认为不是犯罪的，都适用当时的法律，即不认为是犯罪，不能追究刑事责任，因而现行刑法没有溯及力。但根据司法解释，当行为连续或者继续到 1997 年 10 月 1 日以后，对于 10 月 1 日以后构成犯罪的行为，应适用现行刑法追究刑事责任。

第二，当时的法律认为是犯罪，而现行刑法不认为是犯罪的，只要这种行为未经审判或判决尚未确定，并且未过追诉时效，则适用现行刑法，即不认为是犯罪，因而现行刑法具有无条件的溯及力。

第三，当时的法律和现行刑法都认为是犯罪，并且未过刑法规定的追诉时效，原则上适用当时的法律，即现行刑法没有溯及力。但如果现行刑法规定的处刑轻于当时的法律的，则适用现行刑法，即现行刑法有溯及力。

需要指出的是，从旧兼从轻原则是针对现行刑法实施前未经审判或判决未确定的行为适用的。因此，刑法第 12 条第 2 款规定："本法施行以前，依照当时的法律已经作出的生效判决，继续有效。"也就是说，依照当时的法律已经作出了生效判决的，该判决继续有效，即使现行刑法不认为是犯罪或者处刑较轻的也不能适用现行刑法。这主要是为了维护人民法院生效判决的严肃性和稳定性。因此，按照审判监督程序重新审判的案件，要适用行为时的法律。不能因为现行刑法不认为是犯罪，或罪名改变，或处刑较轻，而改变按当时的法律规定已经定罪量刑并发生法律效力的判决或裁定。

刑法的溯及力，归根结底是解决新旧刑法如何选择适用的问题。新法是指现行刑法，也就是审判时的刑法；旧法是指“当时的法律”，一般是行为时的刑法。如果仅仅存在一个行为时法、一个审判时法，则新旧刑法的关系比较简单。但是，如果在行为人实施行为后，经历了几个法律变革，在行为时法和审判时法之间存在一个或者几个中间法，这种情况下新旧刑法的关系就比较复杂。对此，一种观点认为，新旧法比较，就看审判时法和行为时法，中间法律是怎么过渡的可以不管；另一种观点认为，不能仅以行为时法或审判时法作为衡量标准，而要在行为人实施行为以后，发生的所有法律变革中，寻找对被告人最有利的法律。这样才能体现罪刑法定原则保护当事人权利的本意。① 两种对立观点分歧的焦点在于如何理解“当时的法律”。这涉及法律解释的问题。从字面含义上说，“当时的法律”是指行为人实施行为时已经存在的生效刑法。但是，罪刑法定原则的宗旨是保障犯罪人的人权，基于罪刑法定的要求采取的从旧兼从轻的刑法溯及力原则实质上也应该有利于被告人。因此，“当时的法律”不仅指行为时法，还应当包括行为时法与审判时法之间的中间法。也就是说，行为时法是旧法，中间法也是旧法。如果行为时法重，审判时法也重，而中间法轻的，按照从旧兼从轻原则，应当适用中间法。

刑法的溯及力不仅涉及新旧刑法的适用问题，还与刑事立法解释或刑事司法解释与刑法之间、刑事立法解释之间、刑事司法解释之间的适用直接相关。对此，根据2001年最高人民法院、最高人民检察院《关于适用刑事司法解释时间效力问题的规定》的规定，司法解释自发布或者规定之日起施行，效力适用于法律的施行期间。对于司法解释实施前发生的行为，行为时没有相关司法解释，司法解释施行后尚未处理或者正在处理的案件，依照司法解释的规定办理。对于新的司法解释实施前发生的行为，行为时已有相关司法解释，依照行为时司法解释办理，但适用新的司法解释对犯罪嫌疑人、被告人有利的，适用新的司法解释。对于在司法解释施行前已办结的案件，按照当时的法律和司法解释，认定事实和适用法律没有错误的，不再变动。根据这一司法解释的精神，在两个以上有权解释之间，同样按照从旧兼从轻原则决定适用哪个有权解释。

新法是否有溯及力，关键在于新法是否比旧法轻，或者说适用新法是否有利于行为人。只有新法规定较轻，适用新法对行为人更有利，才能适用新法，否则就只能选择适用旧法。对于新旧刑法的轻重比较及法律适用，根据1997年最高人民检察院《关于检察工作中具体适用修订刑法第十二条若干问题的通知》的规定，

---

① 张军等主编：《刑法纵横谈——理论·立法·司法（总则部分）》，法律出版社2003年版，第74～75页。

罪名、构成要件、情节以及法定刑没有变化的，适用当时的法律追究刑事责任；罪名、构成要件、情节以及法定刑已经变化的，根据从轻的原则，确定适用当时的法律或者修订刑法追究刑事责任。根据1998年最高人民法院《关于适用刑法第十二条几个问题的解释》的规定，刑法第12条规定的“处刑较轻”，是指刑法对某种犯罪规定的刑罚即法定刑比修订前刑法轻。法定刑较轻是指法定最高刑较轻；如果法定最高刑相同，则指法定最低刑较轻。如果刑法规定的某一犯罪只有一个法定刑幅度，法定最高刑或者最低刑是指该法定刑幅度的最高刑或者最低刑；如果刑法规定的某一犯罪有两个以上的法定刑幅度，法定最高刑或者最低刑是指具体犯罪行为应当适用的法定刑幅度的最高刑或者最低刑。1997年10月1日以后审理1997年9月30日以前发生的刑事案件，如果刑法规定的定罪处刑标准、法定刑与修订前刑法相同的，应当适用修订前的刑法。

对于上述司法解释的规定，尤其需要注意罪名、构成要件、情节发生变化后的新旧刑法轻重比较。例如，强制猥亵妇女行为按修订前的刑法规定，应构成流氓罪。在刑法修订后，流氓罪的罪名已不存在，但不能因此认为这种行为在现行刑法中已不构成犯罪。其实，流氓罪尽管罪名可以说是取消了，但过去按犯罪处理的流氓行为在现行刑法中大多仍属于犯罪，只不过分别适用强制猥亵、侮辱妇女罪及聚众斗殴罪、寻衅滋事罪、聚众淫乱罪等罪名和相应的条款。类似的罪名发生变化的情况还有过失杀人罪与过失致人死亡罪、绑架勒索罪与绑架罪等。因此，对于这类情况的案件，要根据行为性质分别确定在新旧刑法中具体涉及什么罪名，在此基础上才能进行处刑轻重的比较。又如，非法拘禁罪在新旧刑法中都存在，但两者的加重法定刑幅度已发生变化。根据1979年刑法的规定，非法拘禁致人重伤的，处3年以上7年以下有期徒刑；致人死亡的，处7年以上有期徒刑。根据现行刑法的规定，致人重伤的，处3年以上10年以下有期徒刑；致人死亡的，处10年以上有期徒刑。对于这类情况的案件，先要根据案件情况，确定行为符合基本犯还是加重犯，在此基础上才能对其对应的法定刑幅度进行轻重比较。总之，对于新旧刑法的罪名、构成要件、情节发生变化的相关刑事案件，要注意从实质上分别判断行为在新旧刑法中是否构成犯罪、构成何种犯罪、犯罪具体构成要件（标准）是否发生变化、法定刑的高低是否发生变化、量刑情节是否发生变化。在此基础上进行处刑轻重的比较，才能得出正确的结论。

本案中，杨某行为的发生在1996年至1997年9月间。在当时，可以适用本案的相关法律是1988年通过的全国人大常委会《关于惩治贪污罪贿赂罪的补充规定》（以下简称《补充规定》）。《补充规定》第3条规定，国家工作人员、集体经济组织工作人员或者其他经手、管理公共财物的人员，利用职务上的便利，挪用公款归个人使用，进行非法活动的，或者挪用公款数额较大、进行营利活动的，或者挪用公款数额较大、超过3个月未还的，是挪用公款罪，处5年以下有期徒刑或者拘役；情节严重的，处5年以上有期徒刑。挪用公款数额较大不退还的，以贪污论处。《补充规定》第2条规定，个人贪污数额在5万元以上的，处10年以上有期徒刑或者无期徒刑，可以并处没收财产；情节特别严重的，处死刑，并处没收财产。根据1989年最高人民法院、最高人民检察院《关于执行〈关于惩治贪污罪贿赂罪的补充规定〉若干问题的解答》的规定，退还，是指挪用人或其家属在司法机关立案后将挪用款交还。不退还，既包括主观上不想还的，也包括客观上不能还的。不退还，使被挪用的这部分公款遭到不可弥补的损失，这种行为应"以贪污论处"，定为贪污罪。在适用《补充规定》第3条时，应按照以下界限掌握：（1）挪用公款案发后，侦查终结前退还的，以挪用公款罪认定处罚。（2）挪用公款案发后，有退还能力而拒不退还的，或者将挪用的公款用掉，实际上已无退还能力的，以贪污罪认定处罚。（3）在本案中，挪用的公款一部分已退还，另一部分未退还的，如果二者均已达到犯罪数额，前者定挪用公款罪，后者定贪污罪，按数罪并罚的原则处罚。根据上述规定，杨某挪用公款案发后尚有25万元不退还，因此已分别构成挪用公款罪和贪污罪，应予以数罪并罚。

但是，在案件审理期间，修订后的刑法已经生效，依照现行刑法第12条规定的从旧兼从轻原则，在适用法律上必须对新旧刑法的处刑轻重进行比较。根据现行刑法第384条的规定，国家工作人员利用职务上的便利，挪用公款归个人使用，进行非法活动的，或者挪用公款数额较大、进行营利活动的，或者挪用公款数额较大、超过3个月未还的，是挪用公款罪，处5年以下有期徒刑或者拘役；情节严重的，处5年以上有期徒刑。挪用公款数额巨大不退还的，处10年以上有期徒刑或者无期徒刑。比较新旧刑法的规定，虽然挪用公款"情节严重"的情形法定刑轻重相同，但依《补充规定》，"挪用公款数额较大不退还的，以贪污论处"；依现行刑法"挪用公款数额巨大不退还的，处十年以上有期徒刑或者无期徒刑"，而不再以贪污论处。显然，按照旧法对行为人以挪用公款罪与贪污罪数罪并罚的规定要重于按照刑法仅以挪用公款罪一罪论处规定，因此，按照"从旧兼从轻"原则，本案应适用现行刑法第384条的规定，以挪用公款罪对被告人定罪处刑。

（二）思考案例

被告人李某，男，1964年6月14日生，农民。

被告人陈某，女，1958年4月9日生，案发前系某农场妇女主任、工会主席。

1997年5月，被告人李某多次找被告人陈某搞假结扎证明，陈某说等有机会就搞。1997年5月15日上午，陈某带本单位结扎对象到县妇幼保健所结扎，护士长当时忙于做结扎手术，就叫陈某代其为一已结扎对象在结扎证明上盖章，陈某乘机在事先准备好的4份空白县妇幼保健所证明书上偷盖了"县妇幼保健所疾病诊断专用章"。后陈某将这4份盖了章的空白证明书给了李某。李某模仿县妇幼保健所某医生的笔迹填写伪造结扎证明，分别卖给3个结扎对象，共获赃款7400元。事后李某分给陈某2800元。案发后赃款均被追缴。

1997 年 11 月，县检察院以被告人犯伪造证件罪提起公诉，一审法院认为公诉机关适用 1979 年刑法第 167 条规定指控二被告人犯伪造证件罪不当。一审法院判决二被告人无罪。

问：李某、陈某于 1997 年刑法施行前伪造医院证明的行为应如何适用法律？为什么？

二、不作为犯的作为义务来源

（一）案例分析

1. 李某涉嫌故意杀人案

【基本案情】

2002年7月17日上午，李某与其妻肖某因家庭琐事争吵，肖某坚持要求离婚，李某与肖某即一起到乡政府办理离婚手续，但因小孩抚养问题未协商好而离婚未果。当天下午6时，李某与肖某走在回家的路上，肖某向丈夫提出歇息会儿再走，但怨气未消的李某并没有理会。肖某见丈夫对自己的要求无动于衷，就和李某厮打起来，后被当地村民何某劝开。当李某朝回家的方向行走约50米时，肖某跳入路边的水塘中。村民何某见状大声呼喊救人，李某回答："她自己跳的水，我又没有推她。"然后，李某继续往回家的方向走去。肖某被何某和闻讯赶来的周某等人捞起时已死亡。

【主要问题】

1. 刑法理论中不作为犯的作为义务来源有哪些？
2. 法律规定的义务中的法律是指什么范围？
3. 法律规定的义务是否需要刑法认可？
4. 李某的行为是否成立不作为的故意杀人罪？

【分析】

刑法理论中不作为义务的来源应当包括表现形式与产生依据两方面的内容。表现形式是形式的方面，产生依据是实质的方面。在表现形式方面，作为义务的表现形式已由法律明文规定的、职务业务上的要求等明文规定作为义务，发展到了法律行为以及间接原因引起的作为义务等。具体包括以下内容：一是法律明文规定；二是职务、业务上的要求；三是法律行为（包括合同行为、自愿行为、先行行为等）。在实质产生依据方面，作为义务实质上来自于对法益的社会功能关系，包括保护特定法益的功能关系与监控危险来源的功能关系。保护特定法益的功能关系所产生的义务称为保护义务，监控危险来源的功能关系所产生的作为义务称为监控义务。由此可见，不纯正不作为的义务实质上就是来源于对法益的保护功能及监控危险来源的功能。由于实质因素决定形式因素，因而在形式与实质之间的关系上，应该是形式与实质相结合，以实质判断为主，以形式判断为辅。事实上，哪些义务在形式上可以成为不作为的义务来源，不是由法律规定而是由学理上归纳而形成的，如先行行为在形式上的被列举。可见，何种义务被列举而成为形式上的义务来源是由实质性因素决定的。

法律规定的义务，是指法律明文规定的特定义务。很多国家或地区在刑法总则中对法律明文规定的特定义务均有所界定。例如，1973 年德国刑法第 13 条规定："依法有义务防止犯罪结果的发生而不防止其发生，且不作为与因作为而实现犯罪构成要件相当的，依本法处罚。"1930 年意大利刑法第 40 条第 2 项规定："负有法定义务而不阻止结果发生的，等同于造成结果。"奥地利刑法第 2 条规定："法律对结果之发生处以刑罚时，行为人应依法负有防止其结果发生之特别义务……"韩国刑法第 18 条规定："负有防止危险的义务或者因自己的行为引起危险，而未防止危害结果发生的，依危险所致的结果处罚。"我国澳门地区刑法第 9 条第 1 款规定："如一法定罪状包含一定结果在内，则事实不仅包括适当产生该结果之作为，亦包括可适当防止该结果发生之不作为，但法律另有意图者，不在此限。"第 9 条第 2 款规定："以不作为实现一定结果，仅于不作为者在法律上负有必须亲身防止该结果发生义务时，方予处罚。"我国大陆刑法总则没有明确的不作为犯的规定，而是直接体现在分则的具体条文当中，例如，第 129 条丢失枪支不报罪，第 167 条签订、履行合同失职被骗罪，第 201 条逃税罪，第 261 条遗弃罪，第 313 条拒不执行判决、裁定罪，以及渎职罪和军人违反职责罪等。

关于法律规定的义务中的法律范围的理解，在学术界主要有两种不同的观点：一种观点认为，刑法规定的义务是法律规定的义务的唯一来源，其他法律规范所规定的义务不能作为不纯正不作为犯作为义务的根据；另一种观点认为，法律规定的义务并不限于刑法规定的义务，还包括民法、行政法上的义务。我们认为，这里的法律应当作广义理解，不仅包括刑法，同时包括宪法、其他法律以及行政法规所规定的义务。例如，我国刑法第 395 条第 2 款规定："国家工作人员在境外的存款，应当按照国家规定申报。数额较大、隐瞒不报的，处二年以下有期徒刑或者拘役；情节较轻的，由其所在单位或者上级主管机关酌情给予行政处分。"该款就属于刑法直接规定了国家工作人员申报境外存款的作为义务。又如，刑法规定的故意杀人罪对于作为义务没有明文规定，但是婚姻法规定父母对未成年子女有抚养义务，如果父母不履行抚养义务故意置婴儿于死地，该父母就可构成不纯正不作为的故意杀人罪。这就是其他法律规定的作为义务为刑法所认可而成为这里法律规定的特定义务。

法律规定的义务是需要刑法认可的。虽然法律上规定的义务很多，但并不是所有法律规定的义务都可以成为不作为的义务来源，这种义务只有其他法律规定并被刑法所认可时，才能够成为不作为的义务来源。这种被刑法所认可的义务在本质上与刑法规定的义务是等同的，两者并没有实质的区别。正是因为不纯正不作为犯是经由刑法评价的行为，承担的是刑事责任，所以其作为义务来源也必须由刑法加以确定，否则就违反了罪刑法定原则。

在本案中，李某与肖某虽是夫妻关系，且夫妻之间有扶养的义务，即在经济上的供养和生活上的扶助之义务，但认定李某对肖某的投水自杀负有法定的救助义务缺乏法律依据。当肖某跳入水塘中，周围还有其他围观人群，这表明，妻子肖某的生命并不完全依赖丈夫李某的救助行为，受其他围观群众救助的可能性也较大，李某对肖某的生命不处于排他性支配的地位，肖某的死亡并不是李某的不救助行为直接导致的。由于李某的不作为行为不属于法律规定的义务，因而不能构成不作为的故意杀人罪。

2. 王某、黄某某涉嫌玩忽职守案

【基本案情】

2003年6月4日下午5时许，四川省金堂县城郊派出所值班民警黄某某将涉嫌盗窃的妇女李某带回派出所调查。调查过程中，李某承认其偷窃了两瓶洗发水。同时，办案民警发现李某是吸毒人员，在用电话核实了李某的身份和吸毒史并经尿检后，金堂县公安局依法决定对李某予以强制戒毒。当晚10时许，派出所副所长王某与其他民警送李某前往成都市戒毒所。李某告诉王某，她的女儿关在家中无人照顾，并告诉了自己姐姐家的地址和电话，王某等人电话通知了李某家所在的成都市青白江区公安分局团结村派出所。6月5日，王某要求黄某某再次联系此事，黄某某自称已给团结村派出所打了电话，对方答“知道了”。此后，金堂县公安局城郊派出所再无人过问李某女儿的事情。同年6月21日，李某女儿高度腐败的尸体被青白江区公安分局民警从李某反锁的家中发现。后经法医鉴定表明，李某女儿之死，非暴力和中毒所致。

【主要问题】

1. 如何理解职务或者业务上要求的作为义务的范围？
2. 如何理解职务或业务上要求的作为义务的时限？
3. 王某、黄某某的行为是否构成不作为犯罪？

【分析】

职务或业务上要求的作为义务，是指从事某种特定职业或履行某种特定职务的行为主体，其职务或业务本身要求负有某种积极作为的义务。这种特定的作为

义务是由职业或职务管理条款或有关的规章制度规定的，如果行为人违反了这种义务，使刑法所保护的法益受到损害或威胁时，行为人就要负法律责任。在不纯正不作为犯罪中，其作为义务通常是职务或业务要求的义务。

关于职务或者业务义务要求的范围，主要分布在我国刑法分则第二章危害公共安全罪，第四章侵犯公民人身权利、民主权利罪，第九章渎职罪和第十章军人违反职责罪中。这里的职务或业务，是指由国家公布的相关法律、法规和规章制度进行规范的职务或业务，例如，国家机关工作人员有履行相应职责的义务，不履行职责者，可能成立某种渎职犯罪，值班民警有履行维护社会治安的义务，值班医生有抢救危重病人的义务，银行出纳员有按规定管理好钱物防止被盗的义务，消防队员有履行消灭火灾的义务，等等。

虽然职务或业务上要求的义务从某种严格意义上说是由法律明文规定的，但两者还是存在区别的。职务或业务上要求的义务是基于行为人担任某项职务或从事某项业务时的特定身份而形成的，因此只有行为人在具有该特定身份的前提下，且不履行职务或业务要求的义务，严重侵害法益时，才因违反该作为义务而构成不作为犯罪。可见，职务或业务上要求的义务具有不同于一般法律明文规定的义务的特点，即其身份的特定性和时间的特定性：第一，行为人具有职务或业务的特定身份并在其职务或业务范围内履行职务或从事业务，例如，值班的消防队员便没有抢救危重病人的义务，因为抢救危重病人并不在消防员的业务范围内，同样道理，值班医生也没有消灭火灾的义务。第二，行为人是在履行职务或从事业务之时形成的，如果并非在执行职务或从事业务之时，就不会产生作为义务。

关于职务或业务上要求义务的时限，应当表明行为人具有职务或业务的特定身份的时间特定性的特点，即行为人是在履行职务或从事业务之时形成的，如果并非在执行职务或从事业务之时，就不会产生作为义务。例如，某医生以不在工作时间为由拒绝重症病人家属的出诊请求，没有前往病人家中及时抢救，结果导致重症病人没有得到及时抢救而死亡的情形，则该医生并不构成刑法意义上的不作为犯罪。因为当时该医生并未在医院值班，而是在家中休息，其不负有抢救病人的法律义务，也就没有业务上要求的义务，拒绝出诊纯属医德问题，该医生尽管要受到道德的谴责，但与法律责任无关。判断特定职务或业务的人是否应该履行职务或业务要求的义务时，应当结合该行业相关的法律法规、规章制度以及本单位的具体安排。但职务或业务上要求的义务的时限也有例外情形，例如，《人民警察法》第 19 条规定：“人民警察在非工作时间，遇有其职责范围内的紧急情况，应当履行职责。”也就是说，人民警察对警察义务的履行是不分工作与非工作时间的，只要遇到突发事件，不管其是否处于上班时间，只要从事警察这一职业就应该履行警察义务，并无时间、地点限制，如果不积极处理，就可能构成不作为的犯罪。

在本案中，两被告人作为警察，其职务是否负有照看治安处置对象家属的义务并没有具体规定，但其不作为行为不符合警察职业的要求以及社会公众的合理期待。根据《人民警察法》第21条第1款的规定，人民警察遇到公民人身、财产安全受到侵犯或者处于其他危难情形，应当立即救助。这无疑表明人民警察并不仅仅在公民人身、财产安全受到实际侵害时才具有救助义务，而且在公民人身、财产安全处于危难情形时也应当立即救助。警察作为国家机器，除了有维护社会治安，发现、制止犯罪等一系列保护公民人身、财产的职责外，还有当公民处于某种危难情形时及时救助的义务。本案中办案民警王某、黄某某并没有把李某女儿从无人照看的危险境遇中解救出来，结果导致其饿死，从而构成了刑法上的不作为。此案经法院审理后认为王某、黄某某构成玩忽职守罪，分别判处有期徒刑3年和2年，这既符合刑法有关职务上要求义务的理论，也是正确的判决。

3. 吴某涉嫌故意杀人案

【基本案情】

吴某在某旅游风景区经营水上脚踏船旅游业。1998年5月30日早6时，吴某的脚踏船出租处接待了6位游客，吴某的女儿将3条双人脚踏船租给他们。7时许，因风速超过警戒线，当地旅游部门通知吴某停业。上午8时许，吴某发现6名游客已驶出警戒线，便乘4人脚踏船追上他们进行警告，并与其中4人换船后独自回到岸边。此时，风速加大，6名游客中4人乘坐的大船被风吹到湖对岸脱险。但小船上的另外2名游客下落不明。脱险的游客找到吴某，要求救助同伴，但吴某没有采取任何营救措施。当晚7时许，2名游客的尸体在湖东岸被发现。

【主要问题】

1. 合同行为是否属于法律行为引起的义务？
2. 自愿行为是否属于法律行为引起的义务？
3. 被告人吴某的行为是否构成不作为犯罪？

【分析】

法律行为是在社会生活中能引起法律关系产生、变更和消灭的行为。实施一定的法律行为，既能产生某种权利，又能引起一定的法律义务。关于合同行为是否属于法律行为引起的义务，回答应当是肯定的。合同是平等主体的自然人、法人、其他组织之间设立、变更、终止民事权利义务关系的协议。通常情况下，合同一经签订即产生法律效力，并在当事人双方之间形成了一定的权利义务关系，一方当事人不履行合同的义务只产生民事上的违约责任。但是，如果违约方不履行一定的义务给刑法所保护的合法权益造成某种危害时，则要承担不履行应尽义务所产生的刑事责任，这就是合同行为引起的法律行为义务问题。由于当事人之间完全可以通过契约的方式为其设定一定的作为义务，因而合同行为也就成为各国刑法理论普遍认同的作为义务来源之一。例如，救生员基于雇佣合同而负有保障他人生命安全的义务；保姆基于雇佣合同而负责照看幼儿，同时就承担了保护幼儿的生命安全的义务。

关于自愿行为是否属于法律行为引起的义务，回答也应当是肯定的。自愿行为是指行为人出于自己真实的意思，自愿承担了某种实施一定行为或者防止损害结果发生的义务。应当注意两点：一是自愿行为与合同行为的性质不同，它不以双方当事人的合意为条件，只要行为人出于自愿，事实上也从事了有关行为，就要承担相应的特定义务。如果行为人没有按自己的先前意愿承担某种作为的义务，并造成严重后果或危险状态触犯刑事法律的，就可构成不作为的犯罪。自愿行为相当于民法上的无因管理，只要行为人自愿事实上承担了某项事务，无论有偿还是无偿，其就因此负有特定的作为义务。例如，医生将病人带回家中，就负有照顾医治病人保障其安全的义务，如果医生不进行照顾救治而导致病人死亡，那么医生就要承担相应的刑事法律责任。再如，行为人在路边捡拾被遗弃幼儿带回家中，行为人就负有保护幼儿人身和生命安全的义务。二是自愿行为与先行行为的性质不同。自愿行为是以行为人的主观自愿为前提的，行为人对特定法益的安全形成了事实上的支配关系为必要条件，并且在一般情况下排除了他人救助的可能；而先行行为所引起的义务不管其是否自愿，都应当承担起救助的义务，而且不以形成事实上的支配关系为要件。例如，行为人不慎将被害人撞入河中，尽管许多人在场可以实施救助行为，但这并不能排除行为人的救助义务。又如，行为人在公共场所喂食了某饥饿弃婴后自行离去，行为人不能因此承担保护弃婴安全的作为义务，因为其行为既没有排除他人救助的可能性，也没有形成了事实上的支配关系。

在刑法理论中，认定不作为的犯罪，需要具备三个条件：第一，行为人负有实施某种行为的特定义务；第二，行为人有可能履行这种特定的义务；第三，行为人不履行特定义务而引起危害社会的后果。在本案中，吴某基于与游客的租船协议而负有保障游客人身安全的义务，属于合同行为引起的特定义务，其明知游客面临生命危险却没有履行自己的救助义务，丧失救助游客的宝贵时间，最后导致游客死亡，符合上述不作为犯罪的三个条件，因此构成不作为犯罪。此案经二审法院终审认定，吴某构成故意杀人罪，因积极赔偿被害人家属的经济损失各 4 万元，故从轻判处吴某有期徒刑 3 年，缓刑 3 年。

4. 倪某某涉嫌故意杀人案

【基本案情】

2004年4月9日晚8时30分许，被告人倪某某在其女儿家饮酒后，与妻子施某某各骑一辆自行车回家。途经一乡间道路路口时，倪某某与相向骑自行车的袁某某发生碰撞，两人同时跌倒在地。倪某某为此骂了袁某某，而袁某某则照倪某某的脸部打了一拳。随即两人发生扭打，一起倒在地上打滚，后共同滚入久隆河中，在水中两人继续扭打。倪妻见两人落水，即喊救命。倪某某在继续扭打10余分钟后推开袁某某，在妻子的帮助下上了岸。对岸蔡某某听到呼救后，赶到了现场，得悉情况后问倪某某另一人的下落，倪某某答仍在水中。蔡某某等人即行寻找并报警。次日凌晨1时许，在事发地南侧12米河段处发现了被害人袁某某的尸体。经法医鉴定，死者系生前溺水致机械性窒息死亡，死者面部、胸、背、四肢等处见皮肤挫擦伤，损伤程度轻微，其特征符合与他人扭打过程中手指抓捏及与钝性物体碰撞所致。尸检显示，死者胃内容物含酒精。经查，死者袁某某事发当晚饮用白酒200~250克。

【主要问题】

1. 先行行为必须是不法行为（或者是否包括合法行为）吗？
2. 先行行为是否包括犯罪行为？
3. 先行行为是否包括不作为？
4. 先行行为是否包括他人行为？
5. 倪某某能否构成不作为犯罪？

【分析】

先行行为所引起的义务，是指由于行为人的行为导致刑法所保护的法益处在危险境地，从而引起行为人有排除危险状况或防止危险结果发生的义务。对此很多国家和地区在刑法典上作出了明确的规定。例如，西班牙刑法第11条规定："当事人依照法律规定负有特定的法律义务，但因过失而未能避免造成法益损害的违法行为，亦构成犯罪或过失罪。类似的，还包括：（1）依法或者因合同产生了特殊义务。（2）先前的作为或者不作为有使法益处于危险状态的可能。"韩国刑法第18条规定："因自己的行为引起危险而未防止其发生者，依其危险所致之结果罚之。"我国台湾地区"刑法"第15条第2项也规定："因自己行为有发生一定结果之危险者，负防止其发生之义务。"在大陆法系刑法学说史上，先行行为是继法律、合同之后提出的第三种作为义务的形式来源。一般而言，先行行为引起法益的危险必须是现实、紧迫、具体的危险。在司法实践中，主要可以从引起法益危险的直接性、因果关系的高度盖然性、危险的临近性等来研析先行行为所引起的危险是否具有现实性、紧迫性、具体性。

关于先行行为是否必须为不法行为（或者是否包括合法行为），主要有四种观点：第一种是行为限制说，即先行行为只能是违法行为。该说认为，只有自身违反法律义务，具有客观违法性的先行行为才能引起作为义务。第二种是限制否定说。该说认为先行行为不限于违法行为，无论违法行为还是合法行为都可能引起作为义务。第三种是结果限制说。该说认为对先行行为范围的确定不应当立足于行为自身是否违法，而应当立足于行为的后果是否被法律所不许来断定。也就是说，只要该先行行为引起了法益紧迫且具体的危险，无论其是否违法，都有可能成为不纯正不作为犯作为义务的来源。第四种是具体判断说。该说认为对于先行行为的判断，应该结合具体案件来加以确定，而不能单纯地限定于该先行行为是否违法之中。[①] 上述第三种、第四种观点中的部分主张是有道理的。笔者认为，刑法惩罚的是先行行为引发的作为义务，只要对法益造成了严重的侵害，就有刑法评价的可能，先行行为不应当限定为不法行为。如果将合法行为排除在先行行为之外，可能会引发行为人利用合法行为达到犯罪目的的行径。总而言之，对于确定何种危险行为能够引起作为义务，应当立足于法益保护的目的。因为先行行为引起的义务，在本质上是由于先行行为对法益造成了现实、紧迫、具体的危险而产生的义务，所以不用考虑先行行为是否违法，只要对法益造成了紧迫且具体的危险，就可能成为不纯正不作为犯的作为义务。所以，先行行为不一定必须为不法行为，它既可以是违法行为，也可以是合法行为。当然，如果先行行为引起的危险状况是刑法所允许的，那么这种先行行为则不能引起作为义务。例如，正当防卫可能使防卫对象处于紧迫的危险状态，但这种危险状态的产生是法律所允许的，是法律赋予防卫人保护合法利益不受侵害的一种权利，从违法性判断的角度看，也应当作为阻却违法事由将其排除，因此，正当防卫行为不能成为先行行为。

关于先行行为是否包括犯罪行为，我国刑法学界主要有三种观点：第一种是肯定说。该说认为一般的违法行为和犯罪行为都能成为作为义务的来源。犯罪行为引起法益危险的，犯罪人也有积极救助的义务。第二种是否定说。该说主张先行行为不包括犯罪行为，犯罪行为人对其犯罪引起的危险没有救助的义务。第三种是折中说。该说认为应当将犯罪行为区别对待，符合一定条件的则应承担积极作为义务。笔者赞同上述第三种观点，因为第一种肯定说的观点明显违反了刑法的禁止重复评价原则，而第二种否定说过于极端化，第三种观点较为合理。正如张明楷教授所认为的，在刑法就某种犯罪规定了结果加重犯，或者因发生严重结果而成立重罪时，由于可以将加重结果评价用在相应的结果加重犯或其他重罪中，行为人的不作为已经被刑法所评价，所以行为人不负有防止结果发生的作为义务。

---

① 高端：《不纯正不作为犯作为义务来源研究》，华南理工大学 2010 年硕士学位论文，第 27 ~ 28 页。

其他情形下，行为人须承担积极的作为义务。[①] 因此，犯罪行为在一定情况下可以成为先行行为引起的义务。

关于先行行为是否包括不作为，刑法学理论上存在肯定和否定两种观点。肯定说观点认为，虽然先行行为通常都是作为，但在某些情况下不作为也可以引起作为义务。否定说观点认为，先行行为的行为方式只能是采用积极的行为来实施，而不可能采用消极的行为方式来实施。我们赞同上述否定说的观点，主要理由在于：不作为犯罪属于违反实施一定行为的特定义务，这就必然要求是行为人因自己的积极行为导致有发生结果之危险时，才负有防止其发生的特定义务；只有作为行为才能真正导致行为人负有防止结果发生的义务，现实中难以想象由一个不作为行为而导致行为人负有防止该结果发生的义务的情形。

关于先行行为是否包括他人行为，回答应当是肯定的。尽管有的国家或地区一般将先行行为限定为“自己的行为”，如韩国刑法第18条规定：“因自己的行为引起危险而未防止其发生者，依其危险所致之结果罚之。”我国台湾地区“刑法”第15条第2项也规定：“因自己行为有发生一定结果之危险者，负防止其发生之义务。”大陆法系国家在刑法理论上一般也是将先行行为限定在“自己的行为”。但正如有学者指出，先行行为应当不限于自己的行为，第三人的行为也有可能成为先行行为。例如，父母对未成年子女的监督义务、教师有防止学生在校园内实施犯罪的义务、监狱官应当负责被监禁人不实施犯罪行为的义务。[②] 因为大陆法系国家的保证人地位的理论确认了行为人对第三人行为的保证责任，而不将第三人行为作为先行行为的一种，而我国没有保证人理论，但是可将对第三人的监管义务归纳到因第三人的先行行为所引起的义务当中。因此，如果某人放任自己患有精神病的孩子伤害他人，造成受害人重伤，不管是在大陆法系国家还是我国，都应当构成不作为的伤害罪。当然，如果被监督管理者已经具备了刑事责任能力，则应对自己的行为承担刑事责任，否则就违反了罪责自负原则。

在本案中，被告人倪某某的先行行为明显负有排除危险发生的特定义务。被告人与被害人在扭打中，尽管是在双方合力作用下一起落至河中，但由此而致被害人的人身法益处于危险状态之中显然也有被告人的原因，由此其产生防止危险发生的义务。被告人在主观上对危害结果发生的可能性是明知的，并且放任了这种结果的发生。而且，被告人有能力履行特定义务却未履行，最后导致了被害人死亡的严重后果，因此，倪某某的行为构成不作为犯罪。此案经法院审理后认为，被告人倪某某犯故意杀人罪，判处有期徒刑10年，剥夺政治权利1年。

---

① 张明楷著：《刑法学》（第二版），法律出版社2003年版，第154页。

② 刘士心著：《不纯正不作为犯研究》，人民出版社2008年版，第165页。

5. 李某某涉嫌故意杀人案

【基本案情】

1999年3月，被告人李某某与同在浦江县××厂做工的女青年项某某相恋后致其怀孕。同年6月，被告人李某某向项某某提出分手并要其去做流产手术，项某某不同意并几次欲跳楼自杀。同年9月5日12时30分许，被告人李某某回到寝室见项某某在其房内，后两人发生争执，项某某拎一矿泉水瓶（内装敌敌畏农药）到走廊上，李某某曾听到项某某将矿泉水瓶扔到水池上的声音，后项某某回到房内背靠沙发坐在地上，歪着头定定地注视着墙，嘴角有唾沫样的东西。此时，李某某见同厂女工赵某某上楼即把门掩上。随后，李某某又关上房门到二楼车间，回来后见项某某仍原样坐着，李某某感到不对，即打电话叫来楼某某，楼某某到后，两人先到加油站加油。期间，李某某将项某某可能吃过什么东西，嘴角有唾沫的事告诉楼某某，两人回到李某某的寝室，因打不开门，后从气窗看见项某某仍原样坐着，鼻子下流着鼻涕一样的东西。此后，李某某与楼某某遂找有关朋友并讲了项某某的情况，两人回厂得知项某某已被送往医院抢救。当晚9时许，项某某因抢救无效死亡。经浦江县公安局法医鉴定，项某某系服毒药死亡。

【主要问题】

1. 道德规范是否属于刑法中不作为犯的作为义务来源？
2. 李某某的不作为是否构成犯罪？

【分析】

国外有些国家的刑法已将特定的道德义务上升为法律义务，明确规定了道德规范属于不作为犯的作为义务来源。例如，德国刑法典第330条规定：“意外事故或公共危险或遇难时有救助之必要，依当时情形又有可能，尤其对自己并无重大危险而且不违反其他重要的义务而不救助者，处1年以下自由刑或并科罚金。”法国刑法典第223条第2款规定：“任何人对处于危险之中的他人，能够个人采取行动，或者能够唤起救助行动且其本人或第三人无危险，而故意放弃给予救助的，处5年监禁并科50万法郎罚金。”意大利刑法典第593条规定：“发现某人昏迷、受伤或者处于危险之中而不去提供必要的救助或者不立即向主管机关报案的，处3个月以下的有期徒刑或者60万里拉以下罚款。”此外，美国、俄罗斯、奥地利、加拿大、西班牙等国刑法典也都有类似的规定。我国台湾地区学者洪福增认为，公序良俗、诚信原则产生的义务可以成为不作为犯的义务来源。[1] 我国大陆有的学者主张，在特殊场合下，公共秩序和社会公德要求履行的特定义务，也可以是不

① 洪福增著：《刑法理论之基础》，刑事杂志社1977年版，第167页。

作为犯的义务来源。[1] 大陆多数学者持否定的观点。道德规范到底是否属于刑法中不作为的义务来源，在理论上应当没有标准的答案。在实践中，法院的判例也不尽相同。笔者认为，我国有关司法实践的走向有明显倾向逐渐认可的态势，在理论上可以将特定的道德义务在一定条件下有限度地提升为法律义务。因为在我国不断提高民众道德素质水平的情况下，有条件、有限度地利用法律推行道德义务不仅是必要的，也是可行的。当然，法律不是万能的，它不可能完全取代道德规范的功能。因此，在司法实践中将一些重要的道德义务提升为法律义务的时候，一定要慎而行之，应结合具体国情发展的需要逐步进行。

在本案中，被告人李某某与项某某在恋爱期间发生越轨行为，并在项某某怀孕后提出分手，在争吵中致使项某某产生服毒轻生的念头。李某某虽未用言语刺激项某某服毒，但其发现项某某服毒后，采取放任态度并将宿舍门锁上外出而不予救助，致使项某某在其宿舍这种特定环境中得不到及时抢救而身亡。整体而言，被告人李某某在本案的特定环境中对项某某应当负有重要的道德义务，即特定的刑法义务，其不履行救助的行为与项某某得不到及时抢救而身亡具有刑法上的因果关系，已经构成不真正（非纯正）不作为的犯罪。此案经法院审理后认为，被告人李某某犯故意杀人罪，但案发后能主动投案自首，故依法予以从轻处罚，判处有期徒刑5年。法院的定性处理是符合上述刑法有关道德义务肯定说理论的。

（二）思考案例

1. 案例一

被告人甲（男，25岁）于2004年3月25日下午带领邻居的两名幼儿去公园游玩（此时公园内人很稀少）。两幼儿在公园内的水池旁戏耍时，其中一名幼儿丙（女，3岁）失足滑进水池。甲怕冷，不敢跳入池中救人，只是高声呼救。这时，男青年乙恰逢在附近，闻声后迅速跑到水池边观看，而不下水救人，并对幼儿丙在水中的挣扎行为加以嬉笑。待公园管理人员闻讯赶到把幼儿丙抢救上来时，该幼儿已被淹死。

问：（1）甲的行为是否构成不作为犯罪？

（2）乙是否有救助落水幼儿的义务？

2. 案例二

少女小薇与一出租车司机谈好了价格，准备打车前往汽车站。上车时发现车上已坐了一名20多岁的男乘客李某。行驶途中，李某便开始对小薇进行骚扰，声称要发生性关系并随之使用暴力。快到汽车站时，司机在李某的催促下继续开车，

---

① 马克昌主编：《犯罪通论》，武汉大学出版社1995年版，第172页。

但对李某说若想找小姐的话自己可以帮忙。李某则威胁司机，叫他少管闲事，否则要吃苦头。此时小薇拼命挣扎并向司机求救，司机也数次劝李某罢手，但李某毫不理会。最终，李某当着司机的面将小薇强奸。

问：（1）司机有无履行保证乘客人身安全的义务？

（2）司机能否与李某构成不作为的强奸共犯？

三、犯罪主体

（一）案例分析

1. 肖某涉嫌故意杀人案

【基本案情】

被告人肖某，男，1992年7月8日生，某县中学学生。

肖某因家庭兄弟姊妹多，且经济困难，便始终抱有为家里赚钱的念头。2007年夏天，学校放暑假期间，肖某回到乡下的家中，帮助父母亲做农活儿。他听说邻村的刘某因近几年承包了村后山的核桃林，家中的收入较多，生活也较富裕，便心生勒索钱财的歹念，想利用刘某5岁的儿子刘方某去换钱。

8月11日下午，肖某到刘某家中，见除刘方某一人外，家中大人都外出干活去了，便按照事先想好的计划，上前和刘方某搭讪，说可以带其去响水沟抓鸟。于是刘方某信以为真，跟随肖某前往响水沟。到了响水沟后，肖某拿出事先准备好的麻袋，骗刘方某说："你将麦穗放入袋中，等鸟进去吃麦穗时，就可以抓到鸟。"刘方某听信后，就钻入麻袋中放麦穗，肖某乘机将麻袋口捆住，但见刘方某在袋中呼叫挣扎，便顺手搬起山坡上的石头对着袋子猛砸。过了一会儿，袋中的刘方某不动了。肖某打开袋子一看，见刘方某头部被砸破已流血昏迷过去，便回到刘某的家门口，将事先写好的一封向刘某要3万元的勒索信悄悄塞入门下，然后返回响水沟。肖某怕受伤的刘方某今后认出自己，便索性将捆有刘方某的麻袋拖到深30余米的山沟边扔了下去，结果导致刘方某被当场摔死。

当晚，刘某和其家人因发现刘方某失踪并看到了勒索信，立即向当地派出所报案。次日，刘某的邻居提供线索，案发当天下午，看见好像是邻村的一中学生模样的人将刘方某带走的。三天后，公安民警经过排查，并通过邻居的指认，将肖某抓获。

【主要问题】

1. 已满14周岁不满16周岁的人承担刑事责任的范围是什么？
2. 刑法第17条第2款中的8种犯罪是指罪名还是指罪行？

3. 已满14周岁不满16周岁的人绑架并故意杀害被绑架人的行为应当如何定罪?

4. 对本案中肖某的行为应如何定性?

【分析】

刑事责任年龄，是指法律规定的行为人对自己所实施的刑法所禁止的危害行为承担刑事责任必须达到的年龄。刑事责任年龄是确定行为人的行为是否构成犯罪，是否应当受到刑罚，以及如何处罚的一个重要因素。我国刑法第17条对刑事责任年龄作了具体的阶段划分，根据这一划分，不同年龄阶段的人，对是否承担刑事责任及承担刑事责任的大小是有所不同的。

刑法第17条第2款规定："已满十四周岁不满十六周岁的人，犯故意杀人、故意伤害致人重伤或者死亡、强奸、抢劫、贩卖毒品、放火、爆炸、投毒罪的，应当负刑事责任。"因此，已满14周岁不满16周岁，是相对负刑事责任年龄阶段。处于相对负刑事责任年龄阶段的人，其辨认和控制能力已经超出了儿童，具备了一定的明辨是非和控制自己重大行为的能力，但他们毕竟还处在未成年阶段，较成年人而言，其生理和心理尚未达到完全成熟的程度，而且容易受到外界的不良影响，实施较为冲动、缺乏理性的行为，所以对处于这个年龄阶段的未成年人，认定其行为构成犯罪的范围又不宜过大。因此，让他们在一定的范围内承担刑事责任是必要的和适当的。在理解这一规定时，需要注意以下几个问题：

第一，已满14周岁不满16周岁的人故意实施放火、爆炸、投放危险物质的行为，符合刑法第114条的构成要件，即使没有致人重伤、死亡或者使公私财产遭受重大损失的，也应当负刑事责任。

第二，这里的抢劫罪不仅包括刑法第263条所规定的抢劫罪行为，还包括刑法第127条所规定的盗窃、抢夺枪支、弹药、爆炸物、危险物质罪的犯罪行为。

第三，在涉及毒品的犯罪中，已满14周岁不满16周岁的人仅对贩卖毒品的犯罪行为承担刑事责任，对刑法所规定的具有危害程度相当的走私、制造、运输毒品的行为不负刑事责任。

第四，根据《刑法修正案（三)》的规定，刑法第17条第2款中的"投毒罪"现在已修正为"投放危险物质罪"。

第五，根据刑法第17条的规定，已满14周岁不满18周岁的人犯罪，应当从轻或者减轻处罚。需要注意的是，已满14周岁不满18周岁，实际上又包括了已满14周岁不满16周岁和已满16周岁不满18周岁两个年龄阶段。对于处在前一年龄阶段的行为人，只有在实施了刑法所规定的8种严重犯罪行为时，才应当从宽处罚。而处在后一年龄阶段的行为人，只要实施了刑法所禁止的任何行为，都认定构成犯罪，但应当从宽处罚。

这里需要详细说明的是，刑法第17条第2款规定的8种犯罪，是指具体犯罪行为而不是具体罪名。对该款规定的 8 种犯罪究竟是指罪名还是罪行，以前曾有过不同的理解，而且一度产生过理论争议。之所以会产生不同的理解，与我国的刑法规定有关。我国刑法中对某些情节或结果加重的行为，是仅按照原有的基本犯罪构成定罪，在量刑时采取从重或加重处罚的。以强奸行为为例，在我国刑法中，并不是所有的强奸行为都认定为强奸罪。例如，刑法第 358 条第 1 款规定，对妇女强奸后迫使卖淫的，只构成强迫卖淫罪一罪，而强奸行为只作为加重处罚的情节。特别值得一提的是，在 1997 年刑法颁布实施后，最高人民法院、最高人民检察院发布的罪名司法解释将刑法第 236 条的罪名规定为两个，即强奸罪和奸淫幼女罪，2002 年最高人民法院、最高人民检察院才发布司法解释取消了奸淫幼女罪。在奸淫幼女罪的罪名没有取消之前，刑法第 17 条第 2 款的规定是理解为罪名还是罪行，也同样关系到已满 14 周岁不满 16 周岁的人强奸幼女的行为是否构成犯罪。如果理解为罪名则不构成犯罪，因为第 17 条第 2 款中并没有包括奸淫幼女罪。但是，从对犯罪的社会危害程度这一基本特征出发进行分析，已满 14 周岁不满 16 周岁的人强奸非幼女的行为都可以认定构成犯罪，而奸淫幼女这种社会危害性相对要大的行为却不构成犯罪，这显然不符合罪刑相适应的刑法基本原则。

因此，对刑法第 17 条第 2 款的规定是理解为罪名还是罪行，就成为直接影响到能否追究行为人刑事责任的问题。如果理解为罪名，那么，已满 14 周岁不满 16 周岁的人绑架并杀害人质的，就不负刑事责任；如果理解为犯罪行为，就可以对其故意杀人的行为追究刑事责任。

1997 年刑法生效后，在一段时间内，对上述理解存在分歧的问题并没有引起立法和司法机关的足够重视。后来在司法实践中，确实发生了已满 14 周岁不满 16 周岁的人犯绑架杀人、强奸幼女的案件，这才引起了立法和司法机关的关注。2002 年 7 月 24 日，全国人大常委会法制工作委员会《关于已满十四周岁不满十六周岁的人承担刑事责任范围问题的答复意见》指出，刑法第 17 条第 2 款规定的 8 种犯罪，是指具体犯罪行为而不是具体罪名。对于刑法第 17 条中规定的“犯故意杀人、故意伤害致人重伤或者死亡”，是指只要故意实施了杀人、伤害行为并且造成了致人重伤、死亡后果的，都应负刑事责任。而不是指只有犯故意杀人罪、故意伤害罪的，才负刑事责任，绑架撕票的，不负刑事责任。对司法实践中出现的已满 14 周岁不满 16 周岁的人绑架人质后杀害被绑架人，拐卖妇女、儿童而故意造成被拐卖妇女、儿童重伤或死亡的行为，依据刑法是应当追究其刑事责任的。

按照以上规定，本案中肖某的行为是可以认定构成犯罪的。那么，肖某构成何种犯罪呢？是绑架罪还是故意杀人罪？

根据 2003 年 4 月最高人民检察院法律政策研究室在给四川省人民检察院的《关于相对刑事责任年龄的人承担刑事责任范围有关问题的答复》中的规定，相对负刑事责任年龄的人实施了刑法第 17 条第 2 款规定的行为，应当追究刑事责任的，其罪名应当根据所触犯的刑法分则具体条文认定。对于绑架后杀害被绑架人的，其罪名应认定为绑架罪。如果按照该解释，本案中的肖某应当构成绑架罪。这是因为，若根据刑法第239条在绑架中杀害被绑架人的，就只定为绑架罪一罪，故意杀人的行为不再单独定罪处罚，而应当作为绑架罪加重处罚的量刑情节。

但是，最高人民法院刑一庭审判长会议在《关于已满14周岁不满16周岁的人绑架并杀害被绑架人的行为如何适用法律问题的研究意见》（以下简称《意见》）中认为，对已满14周岁不满16周岁的人绑架并杀害被绑架人的，应当依照刑法第232条的规定，以故意杀人罪追究其刑事责任。另外，根据2006年1月最高人民法院《关于审理未成年人刑事案件具体应用法律若干问题的解释》（以下简称《解释》）第5条的规定，已满14周岁不满16周岁的人实施刑法第17条第2款规定以外的行为，如果同时触犯了刑法第17条第2款规定的，应当依照刑法第17条第2款的规定确定罪名，定罪处罚。现在，最高人民法院的意见和解释已被司法实践普遍认可，笔者也认为这种意见是合适的。因此，本案中的肖某应当构成故意杀人罪。

综上所述，在本案中，肖某的年龄是已满14周岁不满16周岁，处在相对负刑事责任年龄阶段。肖某故意杀人的行为虽然发生在绑架过程中，对于绑架的行为，肖某不承担刑事责任，但对于故意杀人行为，肖某应当承担刑事责任。这是因为，根据前述《意见》、《解释》的内容和犯罪构成的理论，已满14周岁不满16周岁的人绑架并杀害被绑架人的行为，由于主体年龄要素的要求，其绑架行为不能被认定为刑法意义上的犯罪。由于刑法第239条的规定，绑架罪的犯罪主体必须是年满16周岁，而肖某犯罪时年龄不满16周岁，因此，作为绑架罪成立的主体要件，肖某是不具备的，所以其绑架的犯罪行为不成立。能够被刑法所评价的只能是故意杀人的行为，这是完全符合犯罪构成的理论和刑法第17条第2款的规定以及《解释》的精神的。所以，在认定罪名的时候也就当然只能认定为构成故意杀人罪。因此，本案中的肖某，其行为应认定为构成故意杀人罪，而不是绑架罪。

2. 陈某、李某涉嫌受贿案

【基本案情】

被告人陈某，男，1957年2月23日生，案发前系Z市规划管理局干部。

被告人李某，女，1961年7月17日生，系陈某妻子，无业。

2009年6月，Z市宏城世纪建筑装饰股份有限公司总经理金某通过朋友介绍，认识了李某，得知李某的丈夫陈某在该市规划管理局工作，并担任重要职务，便主动和李某拉近关系，很快就与陈某结识。

2009年11月，Z市开始对部分城区实施扩建改造，陈某当时正好负责商业街改造的招标工作。金某得知此消息后，立刻找到李某，提出想利用城区改造之机，通过陈某获得商业街的扩建改造工程并答应事成之后一定重谢。李某说可以找丈夫商量此事。次日，李某向陈某问询商业街的改造扩建一事，并说了金某想承包该工程。陈某听后告诉李某，商业街的改造工程需要招标进行，难度较大。李某说，金某答应事成之后将会重谢。陈某便与李某商议，先由李某出面告诉金某，扩建工程需要招标，可暗示其如果想把此工程揽到手，需付出高额代价。李某随后将此意电话告之金某。金某立刻前往李某家中，并送去人民币现金 8 万元，说自己非常想承包此工程，并允诺工程项目一旦承包后，还将另有重谢。李某收下了金某送去的 8 万元现金，并答应金某会找丈夫陈某尽量考虑解决。之后，李某与陈某商量，干脆将标底透露给金某，帮助其中标。2009 年 12 月，在商业街公开竞标前，陈某利用工作之便，得到了商业街扩建改造工程的标底，并通过李某将标底告诉金某，使得金某顺利中标，获得该扩建工程的承包权。李某也于事后收受了金某送去的人民币 20 万元的酬谢金。2010 年 6 月，在商业街建设的后期，金某由于施工质量严重不合格，发生坍塌事故被查处并移送司法机关。金某为争取宽大处理，主动交代了其对李某行贿的事实。2010 年 8 月，经市检察机关立案核查，对陈某和李某依法实施逮捕，并提起公诉。

【主要问题】

1. 如何理解受贿罪的主体范围?
2. 本案中陈某和李某的行为应如何认定?
3. 刑法第 385 条与第 388 条之一对犯罪主体的要求有何区别?

【分析】

受贿罪的成立需要行为人具备特殊身份。刑法中的特殊身份，是指刑法所规定的、决定刑事责任存在或影响刑事责任程度的行为人人身方面的特定资格、地位或状态。犯罪主体的特殊身份，对于定罪和量刑起着重要的作用。在司法实践中，对于一些案件，特别是共同犯罪的案件，在定罪时，要根据刑法分则中的具体规定，考察该罪的成立，在主体要件上，是否对犯罪主体有特殊身份的要求。

特殊身份对定罪的影响，通常表现在两个方面：

其一，刑法分则中明确规定的，只有具备特殊身份的实行犯，才能构成的犯罪。例如，贪污罪、挪用公款罪的主体，必须是具有国家工作人员的身份；军人叛逃罪、战时自伤罪的主体，必须是具有现役军人的身份。不具有该特殊身份的人，不能单独构成这类犯罪。

其二，对不具有特殊身份行为人的影响。在单独犯的场合，不具有特殊身份的行为人是不能构成只有特殊主体才能成立的犯罪。但是，在共同犯罪中情况则不然，不具有特殊身份的行为人受到特殊主体的影响，可以与其构成只有特殊主体才能成立的共同犯罪。例如，刑法第 382 条所规定的贪污罪，其主体是特殊主体，即国家工作人员，普通公民个人不能单独成为贪污罪的犯罪主体，但普通公民却可以与国家工作人员成为贪污罪的共犯。

我国刑法第385条第1款规定："国家工作人员利用职务上的便利，索取他人财物的，或者非法收受他人财物，为他人谋取利益的，是受贿罪。"因此，受贿罪的主体必须具有国家工作人员身份。非国家工作人员，包括受国家机关、国有公司、企业、事业单位、人民团体委托，管理、经营国有财产的人员，不能成为本罪的主体。需要注意的是，这里的国家工作人员是指在职的国家工作人员，已经离退休的国家工作人员不能成为本罪的主体。但是，根据2000年最高人民法院《关于国家工作人员利用职务上的便利为他人谋取利益离退休后收受财物行为如何处理问题的批复》的规定，国家工作人员利用职务上的便利为请托人谋取利益，并与请托人事先约定，在其离退休后收受请托人财物，构成犯罪的，以受贿罪定罪处罚。

虽然在单人犯罪中，行为人必须具有国家工作人员身份才有可能构成受贿罪。但是，在共同犯罪中，非国家工作人员可以与国家工作人员共同构成受贿罪。例如，非国家工作人员与国家工作人员商议，由非国家工作人员收受或索取他人财物，然后由国家工作人员利用职务之便，为他人谋取不正当利益。这种情况下，非国家工作人员与国家工作人员共同构成受贿罪。

在本案中，陈某是国家工作人员，符合受贿罪的主体特征。陈某的妻子李某虽是非国家工作人员，但李某与丈夫陈某事先有商议，在收取金某的钱财后，想办法将商业街的扩建工程交给金某承包，并确实将工程标底透露给金某，从而使得金某能够顺利中标，获得工程建设的承包权，并在事后还继续收受了金某20万元的酬谢金。李某和陈某的行为完全符合共同犯罪的特征，二人的行为应当认定为受贿罪（共犯）。

此外，还需要特别指出，在本案中，如果李某在始终未告知陈某的情况下，私自收受金某的贿赂，并利用了陈某的影响力获取了工程的标底透露给金某，使其获得工程的承包权，李某则单独构成刑法第388条之一规定的"利用影响力受贿罪"[①]。利用影响力受贿罪，是指国家工作人员的近亲属或者其他与该国家工作人员关系密切的人，通过该国家工作人员职务上的行为，或者利用该国家工作人员职权或者地位形成的便利条件，通过其他国家工作人员职务上的行为，为请托人谋取不正当利益，索取请托人财物或者收受请托人财物，数额较大或者有其他较重情节的行为。根据该规定，不需要国家工作人员本人直接实施受贿的行为，对"特定关系人"就可以单独按本罪追究其刑事责任。刑法的这一规定，是将受贿犯罪行为的主体范围扩大，不需要国家工作人员直接参与，就可以处罚受贿的行为人。这显然是扩大了犯罪圈，严密了受贿犯罪的法网，使得原本在司法实践中需要由特殊主体才能构成的受贿犯罪行为，现在不具有国家工作人员身份的人也能单独认定，这无疑是加大了预防和惩治受贿行为的力度。

---

① 2009年《刑法修正案（七）》增设。

刑法第385条和第388条之一在适用时的显著区别就在于，第385条所规定的受贿罪，如果要追究无特殊身份的行为人的刑事责任，必须是在共同犯罪的场合，才可以对其定罪处罚。而第388条之一所规定的利用影响力受贿罪，不需要国家工作人员共同实施受贿的犯罪行为，就可以单独认定非国家工作人员的犯罪行为，并追究其刑事责任。

（二）思考案例

1. 案例一

被告人文某，男，1989年9月2日生，中学辍学；

被告人刁某，男，1978年7月5日生，无业；

被告人张某，男，1963年3月13日生，无业。

2004年3月，中学辍学的文某到某市劳务市场务工。几天下来，文某由于无一技之长没有找到工作，却被贩毒人员刁某注意，刁某便主动和文某攀谈。在交谈过程中，文某发现刁某和自己是同乡，并很快熟识。通过几天的暗中观察，刁某了解了文某的情况底细，便和文某说，自己有一笔大生意，问文某愿不愿意跟着一块儿做。文某立刻好奇地问，是什么生意、能赚多少钱。刁某把文某带到自己租的房屋内，拿出一纸包东西告诉他，如果把这包东西带到L市，交给指定的张某，再把张某交给他的6万元现金带回，就可以分给文某2000元钱。文某问刁某纸包内装的是什么，刁某便直接告诉他是海洛因（337克）。文某听后害怕地说，自己不干。刁某威胁文某说："既然你已经知道纸包内装的是海洛因，不干也得干，要是说出去，你的性命难保，更何况还可以分得钱，你好好想想吧。"经考虑，文某便答应了刁某。刁某立即掏出事先已经买好的长途汽车票，让文某将装有海洛因的纸包藏在身上，乘当天下午的长途汽车前往L市。文某到达L市后联系上张某，并按照张某的指定，于3月23日前往L市小商品批发市场交货。当日，就在文某找到张某交货之时，被早已布控的公安人员当场抓获。事后，文某主动交代了自己是受刁某指使的事实。公安机关根据所掌握的情况，将刁某也一并抓获。

问：对文某、刁某和张某的行为应如何处理？

2. 案例二

被告人于某，男，1992年5月6日生，某市中学学生；

被告人吴某，男，1987年6月17日生，无业；

被告人吕某，男，1987年8月3日生，无业。

于某在中学学习期间，经常到学校附近的网吧玩游戏，并结识了无业人员吴某和吕某。由于经常上网玩游戏，于某每个月很快就将父母给的零用钱花光，还不断地向吴某和吕某借钱。2007年7月的一天下午，于某又来到网吧找吴某借钱。

吴某对于某说："你总这么借钱也不是个事儿，不如干脆我们一块儿想办法干点大事赚点钱。"于是，吴某和于某找到吕某，三人合计如何才能赚到钱。最后，三人决定去学校附近二纬路的电信营业厅偷电话充值卡，然后由于某到学校转卖给同学再分钱。在之后的一周内，于某和吴某曾两度到该电信营业厅佯装买电话卡，以查看营业厅的安保设施，并在夜里观察值班人员的工作情况。三人在掌握了电信营业厅的安防措施和值班情况后，决定分工实施盗窃计划。

2007年7月23日凌晨1时许，于某和吴某、吕某按照约定来到电信营业厅附近，根据事先商量好的计划，于某和吴某爬窗户进入营业厅，吕某在外面把风接应。于某和吴某在翻窗进入营业厅后，撬开柜台上的锁，盗取了电话充值卡70余张（总价值6300元）。在准备离开时，于某不小心碰倒了柜台后的椅子，被值班人员孙某发现。为了能脱身，于某和吴某一起合力将孙某打成重伤并致其当场昏迷，然后逃离现场。逃出营业厅后，吴某将打伤值班人员孙某一事告诉了吕某，然后各自溜回家。后于某在学校不断地向同学兜售电话卡时，被老师发现，在老师的劝导之下，于某向老师交代了事实，并随家长到公安机关自首。经公安机关查实，依法将吴某和吕某抓获。

问：对吴某、于某和吕某的行为应如何处理？

3．案例三

被告人蒋某，女，1979年8月3日生，案发前系某县政府财政局出纳员；

被告人魏某，女，1979年10月7日生，无业。

2002年7月，蒋某大学毕业被分配至县财政局工作，表现一直良好。2007年6月，蒋某的同学魏某约其一起参加同学聚餐。席间，魏某谈到自己正在炒股，而且赚了不少钱，并劝蒋某也和自己一起炒股赚钱。蒋某说自己没有资金，魏某说："你在县财政局工作，守着那么多钱，还能没钱？"魏某的话让蒋某顿时"醒悟"。于是，蒋某便开始留意工作中自己经手的资金。2007年10月，蒋某在处理60万元扶贫款时，发现此笔款项要到次年才划拨使用，便找到魏某商议，先暂时将扶贫款挪出至魏某的股市账户上，共同炒股，等赚了钱后再悄悄将扶贫款挪回单位。魏某答应了蒋某的要求，二人并商量好若赚钱后则平分。11月2日，蒋某将60万元扶贫款擅自挪出至魏某股票账户，魏某直接将此款项投入股市，并赚得3万余元。在平分了所赚取的利润后，蒋某不但未要求魏某将60万元转回，还告诉她继续操作。直至2007年12月，县财政局在年度财务审查时，才发现蒋某所经手的60万元扶贫款不明的情况，并进行了调查。在查问过程中，蒋某由于思想上的压力，主动交代了自己的犯罪事实。后经查实，蒋某和魏某被公安机关依法逮捕。

问：对蒋某、魏某的行为应如何定性？

四、犯罪故意与犯罪过失

（一）案例分析

1. 孙某某涉嫌以危险方法危害公共安全案

【基本案情】

被告人孙某某，男，1979年5月9日生。

孙某某自2008年5月购买一辆别克轿车以来，一直无驾驶证上路行驶，并有多次交通违法的记录。2008年12月14日下午4时许，孙某某醉酒后驾驶自己的川A4××××别克轿车从成都市成华区万年场××酒楼送其父母前往火车北站，后又继续驾车沿成龙路前往龙泉驿区。当日下午5时许，孙某某在成龙路“蓝谷地”路口从后面撞上正常行驶的川A9××××比亚迪轿车尾部。事故发生以后，孙某某为逃避处罚不顾公共安全，立即高速驾车往龙泉驿方向逃逸，并在窜至成龙路“卓锦城”路段时，以超过每小时130公里的速度向右绕行强行超车后又向左迅速绕回，越过中心双实线，猛烈冲撞对面正常行驶的川AU××××长安轿车，接着又迎面先后撞上川AK××××长安轿车、川AV××××福特轿车、川AM××××奇瑞轿车，直至孙某某驾驶的川A4××××别克轿车不能动弹。事故造成川AU××××长安轿车内驾驶员张某某，乘客尹某某、金某某、张某某死亡，代某某重伤，公私财产损失五万余元。交警接群众报案后赶至现场将孙某某抓获。经鉴定，孙某某驾驶的车辆碰撞前瞬间的行驶速度为134～138km/h，案发时其血液中的乙醇含量为135.8mg/100ml。

【主要问题】

1. 司法实践中如何认定间接故意的成立？
2. 本案中孙某某的主观罪过形式是什么？

【分析】

在我国刑法理论中，犯罪故意，是指明知自己的行为会发生危害社会的结果，并且希望或者放任这种结果发生的心理状态。犯罪故意分为直接故意和间接故意。

直接故意与间接故意相区别的关键在于行为人主观意志内容不同，直接故意是行为人希望危害结果的发生，间接故意则是行为人放任危害结果的发生。

在审判实践中，绝大多数犯罪都是故意犯罪，而在故意犯罪中，大多数都是直接故意的犯罪。在直接故意犯罪中，由于行为人对危害结果的发生持希望的态度，因而在实施犯罪过程中，行为人的活动总是围绕着如何促使危害结果发生来进行。具体来讲，直接故意犯罪的行为有以下一些明显的特征：其一，目的明确。行为人将认识到的危害社会结果的观念化为自己的主观目的，支配自己的行为直接指向确定的侵害目标。其二，态度积极。行为人实施一定的危害社会行为，主动地、积极地实现犯罪目的，追求危害结果的发生。在客观上，行为人可以实行积极的作为，也可以实行消极的不作为。其三，意志坚决。行为人往往预谋犯罪，准备各种条件，克服不利因素，努力实现犯罪目的，追求危害结果的发生。除自动中止犯罪的以外，行为人对促使危害结果的发生表现出了顽强的意志力和更大的坚定性。

间接故意是直接故意的对称，又称放任故意，是指行为人明知自己的行为可能发生危害社会的结果，并且放任这种结果发生的心理态度。间接故意的成立需要两个条件：一是认识因素，即行为人认识到自己的行为可能发生危害社会的结果；二是意志因素，即行为人有意放任危害结果的发生。

具体而言，在认识因素上，间接故意表现为行为人认识到自己的行为可能发生危害社会的结果，即行为人根据对自身犯罪能力、犯罪对象、犯罪工具、犯罪的时间、地点、环境等情况的了解，认识到行为导致危害结果的发生只是具有或然性，而不是具有必然性。这种对危害结果可能发生的认识，为间接故意的意志因素即放任心理的存在提供了前提和基础。如果明知行为必然发生危害结果而仍决意去实施，就已超出了间接故意认识因素的范围，应属于直接故意。例如，前苏联著名刑法学家 A. H. 特拉伊宁曾举下面的例子加以说明：有一座楼房正在修建，依万诺夫和谢敏诺夫两个工人同在一个用粗麻绳系在十层楼的房顶旁的脚手架上工作，公民罗曼诺夫（依万诺夫的仇人）企图杀死依万诺夫，为此目的而割断了捆着脚手架的绳索，结果两个工人都掉下来摔死了。对于这个案例，特拉伊宁分析认为，罗曼诺夫虽然不希望但却有意识放任谢敏诺夫的死亡，他的死亡并不是可能的，而是不可避免的。罗曼诺夫不仅是以直接故意的方式杀死了依万诺夫，而且也是以直接故意的方式杀死了谢敏诺夫。① 因此，间接故意的认识因素，是指行为人认识到自己的行为可能发生危害社会的结果，而不包括认识到自己的行为必然发生危害社会的结果。因为放任是以行为人认识到危害结果具有可能发生也可能不发生这种或然性为前提的，如果行为人已认识到自己的行为必然发生

① ［苏］A. H. 特拉伊宁著：《犯罪构成的一般学说》，中国人民大学出版社 1958 年版，第 167 页。

危害结果而又决意实施的，则根本不存在放任的可能，其主观意志只能是属于希望结果的发生的直接故意。

在意志因素上，间接故意表现为放任，即行为人有意放任危害结果的发生。间接故意的这种放任意志具有如下具体特征：第一，不追求他种危害结果的发生。行为人按照自己的实际需要直接追求一种结果，并不追求其他结果。第二，不防止他种危害结果的发生。行为人意识到自己的行为有可能发生所追求结果之外的危害结果，但行为人并不采取积极的措施来避免危害结果的发生。第三，有意识地导致他种危害结果的发生。行为人为实现直接追求的结果，可以接受或容忍所追求结果之外的危害结果的发生。行为人为追求行为的直接结果，甘愿冒造成其他危害结果发生的危险。可见，行为人主观上的放任态度仍是犯罪故意的意志形式。就间接故意的成立而言，认识是前提，放任是核心，二者都不可缺少。

在司法实践中，犯罪的间接故意大致有三种情况：

第一，行为人追求某一个犯罪目的而放任另一个危害结果的发生。对此，有学者将其称为“豁出去”的间接故意。例如，甲乙二人争执斗殴，甲吃了亏。为了报复，当天夜里，甲放火烧了乙家的草垛，因火势凶猛，引起房屋着火，结果将逃离不及的乙的妻子烧死。在这一案例中，甲对于乙妻子被烧死，虽不希望，但也不防止，而是听之任之，这就是在实施故意毁坏他人财物的犯罪时，放任了乙妻子被烧死的结果发生。

第二，行为人为追求一个非犯罪的目的而放任某种危害结果的发生。对于这种间接故意，有学者将其称为“无所谓”的间接故意。例如，甲乙二人用气枪在某校园外面打鸟，甲见几只麻雀落在校门口的台阶上，举枪欲瞄准射击，乙立即制止说：“不能打，如果有人出来，会打中人的。”甲却说，“谁叫他这个时候出来的，打死该他倒霉”。他边说边开枪射击。恰好此时，小学生丙丁二人追逐跑出校门，结果丙的头部被打中，经抢救无效死亡。该案例中，甲实施射击的目的在于追求一个非犯罪目的（打鸟），但在行为过程中放任了可能打死他人的这种危害结果，最终引起他人死亡结果的发生。所以，丙的死亡结果，是由于甲的间接故意造成的。

第三，激情冲动下的突发性犯罪，往往是临时起意，不计后果，放任严重结果的发生。这种间接故意，又有学者称其为“不计后果”的间接故意。也就是说，行为人对自己的行为是否会引起危害社会的结果以及会引起什么样的后果，主观上没有明确的认识，但对客观上可能产生的任何结果都抱着无所谓的放任态度。如果这种放任的危害结果实际发生，行为人就应对这种结果负间接故意的责任。如甲因违法犯罪被乙当场抓获，为挣脱逃跑，甲掏出匕首向乙刺去，致乙心脏被刺破伤重而死。行为人在实施行为时，到底会给对方造成什么样的损害，并无明确的认识和追求。无论实际出现什么结果，都在行为人的主观预见范围内，他也不反对这些结果的发生。因此，对于实际发生的危害社会的结果，行人应负间接故意犯罪的责任。

“放任”一词，从语义上理解，是听其自然，不加干涉的意思；从心理学上讲，“放任”不是一种独立的意志形式，而是一种附属或派生的意志形式，任何放任的心理都不是毫无情由地自发产生的，总是依附于一定的希望意志形成的。间接故意中，行为人对于符合法定犯罪构成的事实的发生既不积极追求，也不加以防止，而是听其自然，任其发展。但行为人不会无缘无故地放任自己的行为发生危害社会的结果，而是为了满足自己的某种需要，在追求某一目的的过程中，才放任了其他危害社会的结果。放任的危害结果并不是行为人所追求的结果，而是在追究某种结果的过程中产生的。但放任的危害社会的结果又不是自然而然产生的，而是人为造成的，行为人不顾危害结果的发生执意实施既定目的，已表明行为人的意志倾向，表明了行为人不计后果，为追求某种目的而甘愿发生危害结果的风险而豁出去的心理态度。正因为如此，危害结果的实际发生是认定间接故意的必要条件。如果没有发生危害结果，便丧失了认定犯罪间接故意的基础，不能认定行为人具有放任危害结果发生的心理态度。这样便形成间接故意犯罪定罪上的特殊性：间接故意犯罪的成立以实际上发生行为人认识到并放任的危害社会的结果为前提。具体来讲，间接故意犯罪在定罪上具有以下特殊原则：

第一，行为人在追求非犯罪目的时，认识到并放任危害社会的结果，但危害结果没有发生的，应认定行为人无罪；发生危害结果的，应认定行为人的行为构成间接故意犯罪。第二，行为人在追求某种犯罪目的时，认识到并放任其他危害社会的结果，但其所放任的危害结果没有发生的，应按其所实施的直接故意犯罪定罪，不定间接故意犯罪；发生了其所放任的危害结果的，构成间接故意犯罪。第三，行为人在追求犯罪目的或者非犯罪目的时，认识到并放任数个与法律规定相符合的危害社会的结果，应当根据实际上已经发生的危害结果定罪。

间接故意的成立，以实际上发生行为人认识并放任的危害社会的结果为必要，但也有例外，主要是危险犯的场合。如果行为人认识到并放任发生某种危害社会的危险，尽管实际上没有产生危害社会的结果，但只要实际上发生了这种结果的危险，间接故意也能成立。例如，盗窃铁轨、枕木同时破坏交通设施的案件，行为人明知并放任发生火车倾覆、毁坏的危险，实际上也产生这种危险的，行为人可以构成破坏交通设施罪。

在刑法条文中，犯罪的罪过形式只有故意和过失之分，至于将故意又分为直接故意和间接故意，则是刑法理论上的概括。因此，凡是刑法分则条文中规定为故意犯罪，除明确规定必须具有某种特殊的犯罪目的等把间接故意排除在外的情况外，一般应包括直接故意和间接故意两种情况。当然，在确定罪名时，不应有直接故意××罪或间接故意××罪的提法，而应该称为故意××罪（如故意杀人罪）。刑法理论上区分直接故意与间接故意的意义在于，这样更加便于分析、认定犯罪故意的内容和内部结构，有利于司法实践中准确认定犯罪的罪过形式。

在本案中，孙某某自2008年5月购车以来，一直无驾驶证上路行驶。2008年12月14日下午5时许，孙某某在中午曾大量饮酒的情况下，驾车在成龙路“蓝谷地”路口从后面撞上正常行驶的一辆比亚迪轿车尾部。行为人违反交通运输管理法规，因而发生事故，孙某某主观上显然存在过失，只是由于后果尚未严重到需要用刑罚惩罚的程度，不构成交通肇事罪。①

事故发生以后，被告人孙某某为逃避处罚，不顾公共安全，立即高速驾车逃逸，并在窜至成龙路“卓锦城”路段时，以超过每小时130公里的速度向右绕行强行超车后又向左迅速绕回，越过中心双实线与对面车道正常行驶的长安奔奔牌轿车猛烈碰撞后，又分别与3辆车发生碰撞或擦剐，致长安奔奔牌轿车内四人死亡、一人重伤，造成公私财产损失共计5万余元。从本案事实及证据证明的情况看，孙某某作为具有完全刑事责任能力人，明知必须经过相关培训并通过国家有关机关考试取得驾驶执照后才能驾驶机动车辆，但却无视公共安全，长期无证驾车并多次违反交通法规，反映出其对交通安全法规以及他人生命、健康或财产安全的漠视。孙某某既没有经过专业培训，也没有通过国家专门部门考核取得机动车驾驶资格，更没有长期丰富的经验取得熟练的技术及意外处置能力，其酒后高速驾车之行为不仅丧失了对危害的有效防范，而且大大降低了其驾驭危险交通工具的能力，因此在认识因素上，孙某某对其行为可能造成的危害社会的严重后果显然是明知的；在意志因素上，孙某某在醉酒驾车发生追尾交通事故后，不计后果，以超过限速二倍以上的速度驾车在车辆、人流密集的道路上穿行逃逸，造成四死一伤、公私财产损失数万元的严重后果，其主观上对危害结果明显持放任态度。即便在醉酒状态下驾车行为人的辨认和实际控制能力有所减弱，但醉酒并不影响行为人的主观心理态度。我国刑事立法与刑法理论上的通说在对待醉酒犯罪问题上，始终坚持完全的刑事责任原则。孙某某在主观上不希望也不积极追求危害后果的发生，其主观恶性和人身危险性显然低于以制造事端为目的而驾车撞人并造成重大伤亡后果的直接故意犯罪。因此，孙某某的行为已构成以危险方法危害公共安全罪。

2. 胡某涉嫌故意伤害案

【基本案情】

被告人胡某，男，汉族，1964年4月生，案发前系某粮管所职工。

---

① 过失犯罪均以实际发生危害结果为要件，刑法规定“过失犯罪，法律有规定的才负刑事责任”。根据2000年最高人民法院《关于审理交通肇事刑事案件具体应用法律若干问题的解释》的规定，具有酒后、吸食毒品后驾驶机动车辆的；或者无驾驶资格驾驶机动车辆的；或者为逃避法律追究逃离事故现场等情形的交通肇事行为致1人以上重伤，负事故全部或者主要责任的，以交通肇事罪定罪处罚。

胡某家住在靠近集贸市场的粮管所职工宿舍楼六层的楼房（距地面高18.5米）。2002年6月10日上午11时，胡某多年不见的好友章某在赵某的陪同下前来看望他，胡某非常高兴，盛情款待好友。胡某与章某、赵某在自己家的餐厅喝酒。酒喝到半酣时，胡某欲将喝完啤酒的空啤酒玻璃瓶往窗外扔掉，赵某忙加以阻止，并劝说："今日赶集人多，往楼下扔，当心砸到人！"胡某却说："没有那么巧，砸着谁该他倒霉！"胡某遂看也未看一眼就往窗外随手扔出一个酒瓶，正好砸着赶集的农民李某头部，致使李某昏迷倒地，不省人事。胡某闻讯后，与其友章某、赵某一起迅速下楼将李某送往医院抢救。经过抢救，李某虽然脱离了生命危险，却造成了重伤，导致了残疾。

【主要问题】

1. 间接故意与过于自信过失的区别有哪些？
2. 司法实践中区分间接故意与过于自信过失时应当注意哪些方面？
3. 本案中胡某的主观罪过形式是什么？

【分析】

间接故意，又称放任故意，是指行为人明知自己的行为可能发生危害社会的结果，并且放任这种结果发生的心理态度。过于自信的过失，又称认识过失、轻率过失或者懈怠过失，是指行为人已经预见到自己的行为可能发生危害社会的结果，但轻信能够避免，以致发生这种结果的心理态度。在刑法理论中，间接故意和过于自信的过失是犯罪主观方面的两种罪过形式，二者既有联系又有区别。间接故意和过于自信的过失在认识因素上都对危害结果的发生有认识，在意志因素上都不希望危害结果的发生，即不积极追求危害结果的发生。但是，二者又是性质截然不同的两种罪过形式，在认识因素和意志因素上都有着重要的区别：

第一，认识因素上有所不同。虽然二者对危害结果的发生都有认识，但在对危害结果可能转化为现实方面的估计并不相同，间接故意对于危害结果可能转化为现实并未发生错误的估计，行为人认识到了这种转化的可能；而过于自信的过失对于危害结果转化为现实发生了错误的估计，行为人虽然也预见到危害结果发生的可能性，但在主观上认为，由于他的自身能力、技术、经验和某些外部条件，实施行为时危害结果发生的可能性不会转化为现实性，其对可能性转化为现实性发生了错误认识。所谓"轻信"，主要是行为人轻信自己的主观条件，再加上轻信外力的作用，从而作出错误的判断，导致严重危害结果的发生。因而，过于自信的过失的行为人对危害结果发生的认识程度较低，而间接故意的行为人对危害结果发生的认识程度较高。这一区别点可以作为区分间接故意和过于自信的过失的要素之一，但从实践来看，认识因素更多地表现为主观心理活动，较难认定。因此，要把握二者的界限，更重要的还是要把握意志因素。

第二，意志因素上有重要区别。过于自信的过失与间接故意虽然都不希望危害结果的发生，但二者对危害结果的态度不同。间接故意对于危害结果的发生虽然不同于直接的追求，但却是一种听之任之的态度，结果的发生与否都不违背其意志，即并不反对、不排斥危害结果的发生，一旦发生了危害结果，也可以接受和容忍。而过于自信的过失的行为人不仅不希望危害结果发生，而且希望避免危害结果的发生，行为人相信危害结果不会发生是有主客观依据的，从这个意义上来说，行为人对危害结果发生实际持一种排斥、否定的态度。

在把握间接故意和过于自信的过失的界限上，对“放任”的理解是十分重要的。因此，要准确理解二者在意志因素上的区别，还必须对“放任”作进一步的分析。一般认为，放任意志具有如下具体特征：其一，行为人按照自己的实际需要直接追求一种结果，并不追求他种结果。其二，行为人意识到自己的行为有可能发生所追求结果之外的危害结果，但无视该种危险，并且没有任何避免其发生的意思。其三，行为人为实现直接追求的结果，可以接受或容忍所追求结果之外的危害结果的发生。行为人这种放纵结果发生的态度，是因为其希望借助其行为实现其他特定目的的愿望过于强烈，使其达到不计较危害结果发生的程度。

反观过于自信的过失行为人，由于并没有被较强的特定目的所驱使，只是基于主观上对危害结果不会发生的心理预期而实施了行为，只是因为其判断错误而发生了事与愿违的结果。由于行为人轻信借助一定的主客观条件能够避免危害结果的发生，因而在危害结果发生时，行为人多感到意外，流露出“悔不当初”的情绪，而当危害结果蔓延的时候，行为人也会积极采取防止危害结果继续和扩大的措施，或采取补救措施，尽可能地减轻损害的程度。放任危害结果的发生则表明间接故意的行为人虽然不是追求作为犯罪构成要件的危害结果，但是由于他为了实现另一目的，因而对这种结果的发生采取听之任之、自觉容忍的态度，危害结果的发生并不违背行为人的本意。在行为特征上，表现为行为人对危害结果的发生既不采取任何防范措施，也不依靠任何条件去防止该危害结果的发生。在危害结果发生时，行为人并不感到突然，表现出无所谓的态度，当危害结果扩大蔓延时，行为人往往是听之任之，任凭发展。

当然，从理论上区分间接故意与过于自信的过失的界限比较容易，但把理论运用于极其复杂的实践则存在一定困难。对于如何完善这一标准，有学者提出应综合以下因素区分间接故意与过于自信的过失的界限：其一，是否存在使行为人产生“轻信”的现实条件；其二，危害结果的发生与行为人追求的目的是否矛盾；其三，当认识到危害结果可能发生时，是否采取一定的预防措施；其四，危害结果发生以后，行为人是否采取了补救措施。[①] 有学者认为，考察行为人对危害结果发生所持的意志态度，应当从主客观的结合上综合考察下列几个方面：其一，如

---

① 姜伟著：《犯罪故意与犯罪过失》，群众出版社 1992 年版，第 336 ~ 337 页。

果行为人实际已经采取了一定的防范措施，则应认定为过于自信的过失；其二，如果行为人根本未采取任何防范措施，那就看行为人轻信危害结果可以避免是否存在一定的实际根据；其三，行为人对危害结果发生的盖然性认识也有一定的参考作用；其四，行为人在危害结果发生过程中乃至结果发生后的态度，对于认定行为人行为当时的意志态度也有一定的参考作用。①

笔者认为，在区分间接故意和过于自信的过失的界限时，以考察意志态度为主，认识因素为辅，从主客观两方面综合考察应当说是科学的指导观念。在这一观念指导下，综合上述中外学者的见解，可以循着下列思路判定行为人的心理态度究竟是间接故意还是过于自信的过失：如果行为人在行为前或者行为过程中采取了防止危害结果发生的措施，仅因行为人认识上的错误而未能采取有效防止危害结果发生的措施，造成了危害结果发生的，应当肯定行为人的心理是过于自信；虽然行为人根本未采取任何防止危害结果发生的措施，但客观上存在着避免危害结果发生的有利条件，行为人不仅认识到了这些条件，而且打算利用这些条件去防止危害结果的发生，也可以认定行为人的心理是过于自信。过于自信的过失要求行为人具备一定的条件，如自身能力方面的技术、经验、知识、体力等因素，或者已经采取一定的措施，这些条件或措施根据行为人的经验或认识，可以防止危害结果的发生。但实际上，行为人过高地估计了避免危害结果发生的有利因素，过低估计了自己的错误行为可能导致危害结果发生的程度，因而未能防止危害结果的发生。正是因为行为人有能力也有条件全面、客观地认识有利因素和不利因素，但行为人未形成这种认识，便盲目相信可以避免危害结果的发生，才可以证明行为人的轻率心理。

需要强调的是，“轻信”是一种主观判断，应以行为人的自我认识为标准，不能以行为人依靠的条件是否可以确实避免危害结果逆推行为人是否存在自信。也许客观条件不足以避免危害结果，但行为人可以避免危害结果，这同样证明行为人具有“自信”的心理。当然，过于自信的自我认识也不是行为人无中生有的主观臆想，必须反映在客观现实中，不能脱离客观条件而孤立地存在。有的行为表面上看起来似乎是行为人轻信能够避免危害结果的发生，但这种所谓“轻信”没有实际根据，如果行为人所指望的避免结果发生的那种情况根本不存在或虽然存在但对防止结果的发生毫无意义或意义较小，可以说，行为人对危害结果的不发生完全是抱着侥幸、碰运气的心理态度。这种情况下，如果行为发生危害结果，不是过于自信的过失，而是间接故意犯罪。② 因此，应当以理论上对于间接故意和过于自信的过失的区分标准为基础，通过结合事实、相关证据对理论上的区分标

① 胡鹰著：《过失犯罪研究》，中国政法大学出版社 1995 年版，第 104～105 页。

② 高铭暄、马克昌主编：《刑法学》，北京大学出版社、高等教育出版社 2000 年版，第 118 页。

准进行进一步构建，使得理论上的区分标准能够在实际案例中找到相应的客观证明因素，从而更好地在实践中具体运用和操作。

客观行为是说明心理的最客观、最充分的根据，建立在客观行为基础上的标准也就相应地更具有可操作性，因此，应准确运用证据及客观事实来判断行为人的主观心理态度。要在个案中形成对行为人主观方面属于间接故意还是过于自信的过失的判断，必须将理论与实践相结合，充分运用个案中的证据及被证据证实的案件客观事实，分析判断行为人的主观心理态度，从而准确得出定性结论。例如，某甲承包鱼塘养鱼，村子里总是有人来偷鱼，他很气愤，就在鱼塘旁边设置电网，说你要偷啊，偷我就电你。后来，有人晚上来偷鱼，触电网身亡。在司法实践中，认定他主观方面就是一种间接故意，“我电你，不管是把你电死也好，电伤也好，我不管那么多，我就要阻止你们偷我的鱼”，所以，他对危害结果的发生是一种间接故意的放任态度。又如，某乙在承包的西瓜地私自架设了电网，在接通电网的电器设备中安装有漏电保护设备。漏电保护设备就其功能而言，在于一旦有人触电，电流加大，即可自动断电，起到保护作用。某乙从一般人的认知出发，认为只要安装了漏电保护设备，就不会致人死亡，他相信基于这一条件不会发生危害社会的结果，但终因漏电保护设备失灵而致一人因受电击而死亡，事实证明这一根据并不可靠，依然发生了危害社会的结果，这种情况就属于过于自信的过失。

这里需要强调的是，对于行为人主观心理态度的判断，不能过于依赖被告人的供述。被告人的供述只能作为判断的论据之一。作为犯罪构成要件的行为人的主观心理态度，并不是单纯指行为人在行为时的心理事实，而是审判人员根据案件的客观事实及行为人的心理事实，运用法律规范进行评价所得出的结论。

具体到本案中，胡某作为一个精神正常的成年人，明知自家楼下就是集贸市场，往来于集市的人比较多，随时有人会在自家窗外楼下路面上行走。从高空向下扔酒瓶，很可能会砸死、砸伤行人，而且在胡某扔酒瓶之前，赵某还予以了劝阻，但是胡某仍抱侥幸心理，不顾规劝往下扔酒瓶，结果将李某砸成重伤。根据前述的区分间接故意和过于自信的过失的标准和方法，可以认定，胡某对危害结果的发生是有意放任无意防止，在主观方面对自己行为所造成的结果持听之任之的态度，属于间接故意，不属于过于自信的过失。理由如下：首先，胡某明知楼下集市的人比较多，仍然看也未看一眼就往窗外随手扔酒瓶，对自己行为可能造成危害社会的结果显然是明知的。胡某在主观方面对其向楼下扔酒瓶的行为所造成的危害结果由可能性向现实性的转化没有发生错误认识，这从他所言“没有那么巧，砸着谁该他倒霉”即可推断出，这符合间接故意的认识因素的特征，而不符合过于自信的过失的认识因素的特征。其次，胡某对危害结果的发生采取的是听之任之、任其发展的态度，既不积极追求，也不设法加以避免，甚至经朋友劝阻后依然未采取任何防止危害结果发生的措施，对危害结果的不发生完全是抱着侥幸、碰运气的心理态度，这明显符合间接故意的意志因素的特点。因此，胡某的主观方面属于间接故意。胡某的行为已构成故意伤害（致人重伤）罪。

3. 李某某涉嫌过失致人死亡案

【基本案情】

被告人李某某，男，46岁。

2010年3月30日9时许，李某某同杨某、丁某某（均另案处理）等人在重庆市渝北区洛碛镇某处砍伐树木，砍树时李某某负责用电锯锯断树木，杨某、丁某某二人负责扶住树干防止树木乱倒和对周围环境的警戒。因三人砍树时对周边情况观察不仔细，在树被锯断倒地时，砸中正在树旁自己承包地里干活的被害人顾某某头部，致顾某某死亡。案发后，被告人李某某打电话报警，并与杨某、丁某某二人在原地等待公安机关到来，如实交代了其犯罪事实。

【主要问题】

1. 如何区分疏忽大意过失与意外事件？
2. 如何认定犯罪过失中的“应当预见”？
3. 本案中李某某的行为是否构成犯罪？

【分析】

我国刑法第16条规定了意外事件，即行为在客观上虽然造成了损害结果，但不是出于故意或者过失，而是由于不能抗拒或者不能预见的原因所引起的，不是犯罪。意外事件的主要特征是：(1) 行为人的行为在客观上造成了损害结果。这种损害结果是由行为人的行为直接引起的，存在着刑法上的因果关系。(2) 行为人在主观上对自己的行为造成的损害结果没有故意或过失。基于此，又可将意外事件称为无罪过事件。正是因为意外事件缺少犯罪构成的主观要件，法律才规定意外事件不负刑事责任。(3) 损害结果的产生是由不能预见或者不能抗拒的原因引起的。在这里，导致意外事件发生的原因有以下两种：其一，由于不能预见的原因所引起。所谓不能预见的原因，是指行为人对可能造成的危害结果没有预见，也不可能预见，以致在客观上造成了损害结果。其二，由于不能抗拒的原因所引起。不能抗拒，是指人力所不能克服的力量，通常指自然灾害（如地震、洪水、台风、海啸）或者动物的侵袭等。行为人在主观上虽然认识到自己的行为可能会发生损害结果，但由于当时的主客观条件的限制，行为人无力排除或防止损害结果的发生。也就是说，行为人的行为虽然客观上造成了危害结果，但是他对这个危害结果的发生主观上既无故意也无过失，也就是无主观罪过。因此，不管这个结果多么严重，也不构成犯罪，不负刑事责任，这是我国刑法主观与客观相一致原则的必然要求。

疏忽大意的过失是过失犯罪的一种罪过形式，它是指行为人应当预见到自己的行为可能发生危害社会的结果，因为疏忽大意而没有预见，以致发生这种结果的心理态度。疏忽大意的过失具有以下两个特点：一是“应当预见而没有预见”；二是因为疏忽大意而“没有预见”。如果行为人小心谨慎、认真负责，就会预见进而避免危害结果。应当预见是前提，没有预见是事实，疏忽大意是原因。从疏忽大意的过失的特点来看，疏忽大意中要求行为人应当预见到自己的行为可能发生危害社会的结果。应当预见，是指行为人在行为时对危害结果的发生既有预见的义务，又有预见的能力。这是疏忽大意的过失有别于意外事件的关键。疏忽大意的无认识状态，只是一种表象，透过这一表象，我们还应进一步追问是否应当预见，因此，行为人是否具有预见义务和预见能力就成为确定疏忽大意的过失的认识特征的关键。

所谓预见的义务，是指行为人在行为时对危害结果的发生负有预见的责任。这种预见的义务来源于法律的规定，或职务、工作的要求，或习惯、常理、公共生活准则的要求。预见义务一般是由法律或者规章制度规定的；在没有相应的法律或者章程时，一般应根据共同生活准则或生活经验来确定。借鉴外国的立法例、司法例及刑法的学理解释，预见义务有如下来源：

（1）法律（包括法令、法规、制度、行政命令等）的明文规定。法律一般预想定型或常见的危险，要求行为人实施各种避免危害结果的行为。这些法律或者规章向人们提出了一系列必须注意的要求，具有确定人们在行为时必须预见的范围和程度的功能。例如，如果行为人违反交通运输管理法规，酒后驾车、强行超车、超速行驶即可认定行为人具有《道路交通安全法》规定的预见义务。

（2）职业规范、行业规则中的明确规定。这种义务尽管也是由法律法规、规章制度明确规定的，但其特殊性在于与行为人的职责紧密联系在一起，具体包括岗位责任规则、安全生产制度、劳动保护法规、危险物品管理规则等。例如，重大责任事故犯罪行为违反了有关安全生产的规章制度（包括劳动纪律和操作规程）；又如，医疗事故犯罪中有关医护工作人员违反“三查七对”制度，对病人错误用药、错误注射，导致严重后果发生的。行为人有意或无意违反规章制度和不履行自己的职责，是构成业务上过失的前提。

（3）常识和习惯的要求。这种义务是根据社会共同生活准则形成的，基于行为人的年龄、能力及生活或生活常识自然而然产生的，按照普通正常人的生活常识和习惯就可预见。例如，共同生活准则或生活经验告诉我们，高空不能抛物，行为人施工中从楼上随意向楼下丢弃重物，砸到行人致人重伤、死亡的，即可认定行为人具有预见义务。

（4）基于先行行为所产生的预见。当行为人的某种行为产生危害社会的危险时，要求行为人采取谨慎态度，排除或避免危害结果。这种预见义务与作为义务非常相似，但有本质区别，不可混同。作为义务是在其先行行为造成危险状态时，立即采取积极的措施避免危害结果发生。而基于先行行为所产生预见义务是要求行为人及时预见或避免危害结果，不一定采取积极作为的形式。例如，公安民警在执行任务时将子弹上膛，处于待击发状态，这一先行行为要求公安民警要随时注意枪支的携带及使用情况，避免发生枪支走火伤及他人的后果。

至于预见义务的内容，绝大多数学者认为应包括对结果的预见和过失行为与结果之间因果关系的预见。而且，对过失行为人应当预见的“危害社会的结果”只能在法律规定的范围内理解，即只能是刑法分则对过失犯罪所规定的具体的犯罪结果，从刑法规定的范围内寻找依据。也就是说，应当预见的内容是刑法预先规定的、作为某一过失犯罪构成要件的结果。

所谓预见能力，是指行为人在行为时对危害结果的发生存在预见的现实条件和实际可能性。这是行为人自身形成的稳定的并与其年龄、生理状况、智能水平、职业与生活经验等因素密不可分的主观条件。预见的义务与预见的实际可能性是有机地联系在一起的，法律不会要求公民去做他实际无法做到的事情，而只是对有实际预见可能的人才赋予他预见的义务。“法不能责人所不能”，因此，即使从某种角度看，行为人对危害结果的发生负有预见义务，但在当时的情况下不具有预见的条件，不存在预见能力，即使发生严重的危害结果，也不能要求行为人对此负刑事责任。

关于行为人对其行为的危害结果应否预见的判断标准问题，刑法理论界见解不一，主要有以下三种观点：第一，主观说，亦称个人标准说。该说主张判断能否预见应根据行为人在行为当时的条件下其本身所具有的能力和水平来衡量。第二，客观说，亦称社会标准说。该说主张判断能否预见应根据社会上一般人的能力和水平来衡量。第三，折中说，亦称综合标准说。该说主张判断应否预见应以主观标准为根据，以客观标准作参考。第三种观点是我国刑法理论界较为通行的观点。根据这一主张，对社会上一般理智正常的人能够预见到的危害结果，理智正常的行为人在正常条件下也应当能够预见到。但是，判定行为人能否预见的具有决定性意义的标准，只能是行为人的实际认识能力和行为时的具体条件。也就是说，要根据行为人本身的年龄状况、智力发育、文化知识水平、业务技能和工作、生活经验等因素决定的其实际认识能力，以及行为当时的客观环境和条件，来具体分析行为人在当时的具体情况下，对行为发生这种结果能否预见。据此，一般人在普通条件下能够预见的，行为人可能因为自身认识能力较低或行为时的特殊条件而不能预见；与此相反，一般人在普通条件下不能预见的，行为人可能因为自身的认识能力较高或者行为时的特殊条件而能够预见。

如何确立有无预见能力的判断标准，涉及刑法理念问题。刑事责任的主观归责基础应当立足于行为人个人。主观说充分考虑了社会个体认知能力的差异，关注具体的人是否具有可归责性，固然是合理的，但它难以满足法律对人们普遍认识能力、认识水平的一般要求。客观说泛化了刑事责任的根据，容易产生两种不合理的结果：一是当一般情况下、一般人能够预见而行为人当时当地无法预见时，仍要人为地将过失的责任强加于行为人，把行为人推定为具备了他实际上并不具备的预见能力的人；二是当一般情况下、一般人不能预见而行为人事实上有预见能力时却以客观的标准否定了过失犯罪的责任基础。综合标准说正是综合主观说与客观说的合理内容，才成为通说。因此，对行为人在行为时对某一危害结果究竟应否预见的判断上，应综合主客观两方面的实际情况进行科学的分析，才能得出正确的结论。也就是说，既不应无视行为人的实际认识能力，而拿一般人的认识能力来衡量他能否预见，也不宜脱离行为当时的具体条件，按普通情况来判断行为人能否预见，而只能按照行为人的实际认识能力和行为当时的具体客观条件，来分析和判定行为人能否预见。也就是说，不仅要分析行为人本身的生理状况、智力水平、专业知识、业务技术水平、实践经验、生活习惯等，而且还要分析行为时的客观条件，如行为的时间、地点、环境、行为手段、行为对象等。这就要求司法工作人员必须抓住案件的细节进行客观的分析和评断。

意外事件与疏忽大意的过失有相似之处，二者都是行为对有害结果的发生没有预见，并因此而发生了这种结果。这使得二者区分起来比较困难，但是，它们有着原则的区别：根据行为人的实际认识能力和当时的情况，意外事件是行为人对损害结果的发生不可能预见，或者是不应当预见而没有预见；疏忽大意的过失则是行为人对行为发生危害结果的可能性能够预见，应当预见，只是由于其疏忽大意的心理而导致未能实际预见。因此，根据行为人的实际能力和当时的情况，结合法律、职业等的要求来认真考察其有没有预见的能力，对于区分意外事件与疏忽大意的过失犯罪非常重要，关涉罪与非罪的界限。正确划分、严格区别这一界限，不仅可以防止将那些工作草率马虎、敷衍了事，因而给国家造成损失的过失犯罪行为误认为是意外事件，轻纵犯罪分子，又可以避免在认定犯罪问题上出现“客观归罪”的错误，将意外事件误认为过失犯罪，使无辜者承担刑事责任。

在本案中，衡量李某某的行为是过失犯罪还是意外事件，关键要看李某某当时在主观上能否预见到危害结果发生的可能性。众所周知，在日常生活中，从事有危险的行为时应保持必要的警惕，这是公共生活准则的要求，也是出于保护自己的需要。从本案的案情来看，李某某砍伐树木时，根据常理、习惯或公共生活准则的要求，应当采取防护措施、仔细观察周边情况，避免树被自己锯断倒地时砸到周围的人，这种结果对李某某来说是应当预见的。但李某某等三人砍树时对周边情况观察不仔细，在树被锯断倒地时，砸中正在树旁自己承包地里干活的被害人顾某某头部，致顾某某死亡。因此，李某某等人在农村承包地旁砍树应当预见其行为可能造成他人死亡的后果，因其疏忽大意而没有预见，致使被害人李某某被砍倒的树木砸中而死亡，其行为已构成过失致人死亡罪，不属于意外事件。

4. 梁某、庞某某涉嫌贩卖毒品案

【基本案情】

被告人吴某某，男，52岁，汉族，农民。

云南省富宁县田蓬镇农民吴某某，在自家用“ABC”（复方对乙酰氨基酚）药片制造了五块假毒品海洛因，准备出售骗取他人钱财。广西靖西县南坡乡农民梁某和广西那坡县城厢镇农民庞某某，在得知吴某某有毒品卖后，于2008年11月23日到吴某某家中，以人民币6万元一块的价格，先付人民币2000元作押金，从吴某某处赊购一块“毒品海洛因”带到那坡县联系贩卖。2008年11月29日17时50分，梁某、庞某某在那坡县百都乡百都街××旅馆302号房与“老板”交易时被公安民警人赃俱获。公安机关依法对吴某某的住处进行了搜索，在其家中查获四块毒品可疑物以及制作毒品可疑物工具、药物等。经检验，公安机关从梁某、庞某某身上查到的“毒品”和从吴某某住处缴获的“毒品”，仅含有咖啡因，并未检出海洛因等常见毒品，鉴定结果为假毒品。

【主要问题】

1. 什么是事实认识错误？
2. 事实认识错误对刑事责任有哪些影响？
3. 吴某某和梁某、庞某某的主观故意内容分别是什么？

【分析】

事实认识错误，是指行为人对与自己行为有关的事实情况所产生的不正确认识。事实认识错误是否影响行为人的刑事责任，要区分情况：属于对犯罪构成要件的事实情况的错误认识影响行为人的刑事责任；属于对犯罪构成要件以外的事实情况的错误认识则不影响行为人的刑事责任。探讨事实错误对罪过心理的影响时，要注意行为人对已发生或将发生的危害社会结果有无认识。凡是事实错误阻碍行为人认识其行为的危害社会结果的，可以排除犯罪故意；符合过失心理的，负过失的罪责。如果事实错误不影响行为人对其行为危害社会结果的认识，行为人对该结果仍负故意的罪责。事实认识错误，通常表现为以下几种情况：

（1）对客体的认识错误。对客体的认识错误，是指行为人对其危害行为侵犯的法益的性质产生错误认识。在客体的认识错误的情况下，排除行为人对超出其认识范围的实际结果的故意，按照行为人意图侵犯的客体进行定罪量刑。

（2）对行为对象的认识错误。对行为对象的认识错误，是指行为人对其危害行为所作用的具体人、物或信息发生了错误认识。在司法实践中，对象错误常常表现为：其一，同类对象错误，在这种情况下，由于二者体现的合法权益相同，不影响罪过的性质。其二，非同类对象的错误。这包括两个方面：一方面，误将非犯罪对象当做犯罪对象加以侵害，如误将动物当人而实施加害行为。这种情况一般按照故意犯罪的未遂定性。另一方面，误将犯罪对象当做非犯罪对象加以侵害。在这种情况下，一般不成立故意犯罪。如果行为人应当预见而由于疏忽大意没有预见，应认定为过失犯罪；但如果不能预见，不应预见，则按意外事件处理。

（3）对行为的性质和方式的认识错误，如假想防卫、假想避险等。对于这种情形不能定为故意犯罪；如果行为人有过失，就认定为过失犯罪，如无过失，则认定为无罪，按意外事件处理。

（4）对行为方法的认识错误，也称手段错误，是指行为人对自己所使用的手段是否会发生危害结果存在不正确的认识。对行为方法的认识错误具体又包括以下三种情形：第一，行为人所使用的手段本来会发生危害结果，但行为人误认为不会发生危害结果。对于这种情况，如有过失，则定为过失犯罪；如无过失，则认定为无罪。第二，行为人本欲使用会产生危害结果的手段，但由于认识错误却使用了不会发生危害结果的手段。对于这种情况应认定为故意犯罪未遂。第三，行为人因为愚昧而使用的手段不可能导致危害结果发生，但行为人误认为可以导致危害结果发生。这种情况属迷信犯，应认定为无罪。

（5）对因果关系的认识错误。所谓对因果关系的认识错误，是指行为人对自己危害社会的行为与危害结果之间的因果联系产生不正确认识。典型情况是行为人误认为自己的行为已经发生了预期的侵害结果，为达到另一目的又实施了另一行为，事实上行为人所预期的结果是一行为所造成的。对于这种因果关系错误如何处理，涉及客观上是一行为还是二行为，主观上是概括故意还是分别有一个故意和一个过失等诸多法理问题。笔者认为，在上述情况下，虽然客观上存在事先行为与事后行为之分，但两个行为是密切联系的，事后行为是事前行为的延续。主观上具有概括故意，因而视为一个故意行为较妥。例如，甲出于杀乙的意图勒其脖颈，使乙陷于假死状态。甲误认为乙已经死去，为湮灭罪证而将乙投入水中，实际上乙是溺水而死的。在这种情况下，没有必要视为故意杀人未遂和过失致人死亡两个罪，应直接以一个故意杀人罪论处。

事实错误是主观上的认识与客观上的事实不相符合。如何判断这种不符合，也就是对于符合的判断问题，刑法理论上存在以下观点：

（1）具体符合说。该说认为，行为人所认识或者预见的构成事实与实际发生的事实完全一致时，才构成故意。如果行为人所认识或者预见的构成事实与实际发生的事实不符，就属于事实错误，从而阻却故意。这种观点要求主观认识与客观事实完全一致，显然不妥。例如，欲偷手表而得金项链，所知与所为不完全相同，按照具体符合说是认识错误，行为人没有盗窃金项链的故意。又如，欲杀张三而杀死李四，按照具体符合说也是认识错误，构成故意杀人未遂与过失致人死亡，应根据想象竞合犯的原理，以故意杀人未遂处理。

（2）抽象符合说。该说认为，行为人所认识或者预见的构成事实与实际发生的构成事实存在抽象的一致时，不论是否存在具体差别和罪质轻重，均以行为人所认识或者预见的事实论处，不存在认识错误。抽象符合说放弃对客观事实的具体符合，代之以抽象符合，但该说对行为人主观认识的要求失之过宽，如故意盗窃财物而意外地窃得枪支，按照抽象符合说，可以成立盗窃枪支罪。如此，则几乎否定了事实错误的存在，同样不妥。

（3）法定符合说。该说认为，行为人认识或者预见的构成事实与实际发生的构成事实在法定构成要件（特别构成要件）的范围内一致时，行为人所认识或者预见的构成事实成立故意。法定符合说将故意的认识内容限定在构成要件之内，具有一定的合理性。凡同属一个构成要件的，如盗窃，即使欲偷金项链而得手表，也不发生认识错误的问题，应以盗窃论处。凡不同属一个构成要件的，如欲盗窃财物而窃得枪支，属于认识错误，不能认为具有盗窃枪支的故意。①

笔者赞同法定符合说，其符合我国的犯罪构成理论，体现了主客观相统一的原则，应以此来判断事实错误是否阻却故意。因为犯罪故意的认识内容就以法律规定的构成事实为限，并不完全取决于行为人的自我认识。行为人（预想）认识到的犯罪事实与现实发生的事实在法定范围内一致，就能够认定对该现实发生的事实成立犯罪故意，不需要在心理事实上的具体的一致。法定符合说是各国刑法理论解决事实错误与罪过形式关系的通说。

按照法定符合说的观点，如果行为人认识到的事实与实际发生的事实之间的不一致是在同一个构成要件范围之内，原则上不妨碍认定行为人的主观故意。例如，甲意图杀害乙，因为将丙误认为乙而杀死了丙，或者甲意图杀害乙并朝乙瞄准射击，却偏偏命中了乙身旁的丙。前例属对象认识错误，后例属对象打击错误。在上例中，由于行为人有杀人的意思（杀乙），并且认识到杀人的事实（杀丙），符合杀人罪犯罪构成的非法剥夺他人生命的特征。至于实际被杀害的是乙还是丙，只是具体事实方面的枝节性差异，不妨碍认定行为人对实际被杀害的人具有非法剥夺他人生命的故意。

但如果行为人认识的事实与实际发生的事实之间的不一致，横跨不同构成要件，现实发生的事实超出了行为人的主观认识范围，表明主客观不统一，不能让行为人对现实发生的事实承担故意责任。例如，行为人有杀人的意思，却因认识或打击错误而杀死了珍稀野生动物的；或者相反，意图猎杀珍稀野生动物，因辨认或打击错误而杀死了人的。杀人与杀野生动物，属于不同犯罪构成的事实，不能将致死野生动物的结果归责于故意杀人的行为，也不能将致人死亡的结果归责于故意猎杀野生动物的行为。对于原意图实现的犯罪因错误而未实现的，成立故意罪（未遂）；对于因错误而实际发生的危害事实，如有过失并且应负刑事责任的，成立过失犯罪，按想象竞合犯处断。

---

① 陈兴良著：《规范刑法学》，中国政法大学出版社 2003 年版，第 87 页。

值得注意的是，对于不同犯罪构成间的事实错误，遇两犯罪构成间在性质上有某种程度重合情况的，应在重合的限度内，认定具有犯罪故意。例如，意图窃取财物而误窃枪支的，二者虽属不同的犯罪构成事实，但在财物的限度内二者是重合的，因此行为人应在窃取财物的限度内成立故意犯罪，即应成立盗窃罪。对误窃枪支的事实，不承担故意罪责。

本案中，梁某、庞某某为了谋利，赊购一块“毒品海洛因”而贩卖。缴获的毒品称量净重187.8克，经鉴定为假毒品，梁某、庞某某不知是假毒品而以毒品进行贩卖。二行为人基于贩卖毒品的故意而实施了危害行为，错误认识心理不影响原有的故意罪过心理。在认识因素上，梁某、庞某某虽有认识错误但非没有认识，并在此基础上形成了犯罪目的，而且积极实施其行为追求该目的的实现。在意志因素上，行为人在认识（错误）的基础上，对自己行为引起的后果持希望的心理态度。尽管行为人具有认识错误，但为了自己的私欲，视社会共同遵守的法律于不顾，意志态度具有可责难性。因此，这种情况不影响犯罪故意的成立，但可能影响到刑事责任的大小（犯罪未遂）。梁某、庞某某不知是假毒品而以毒品进行贩卖，属于刑法认识错误中的非同类对象认识错误。按照行为对象的认识错误与刑事责任的关系，笔者认为，梁某、庞某某所实施的误将假毒品当做毒品予以贩卖的行为虽然在客观上不可能实现贩卖毒品的目的，但是其在主观上却具有贩卖毒品的犯罪故意，应构成贩卖毒品罪。从犯罪形态的角度分析，梁某、庞某某实施的贩卖毒品的行为属于对象不能犯的犯罪未遂。因此，梁某、庞某某构成贩卖毒品罪（未遂）。① 那么，吴某某将假的毒品交给梁某、庞某某贩卖的行为是否也构成贩卖毒品罪？答案是否定的。因为吴某某在主观上明知其交给梁某的毒品是假的，故其主观上没有贩卖毒品的故意，只有欺骗的故意。因此，吴某某以非法占有为目的，私制假毒品，隐瞒事实真相，骗取他人财物，数额较大，应构成诈骗罪。

（二）思考案例

1. 案例一

2005年3月某日晚8时许，徐某到亲戚家串门，由于亲戚的盛情挽留，徐某在亲戚家吃过晚饭才回家。酒足饭饱的徐某骑着自行车在回家途中经过某高速公路上的一座高架桥时，不慎被桥上的一块石头绊倒，自行车摔坏了，也摔伤了膝盖。徐某恼羞成怒，借着酒劲儿将石头搬至桥面护栏上，在没有观察高速公路有

① 1994年12月20日颁布的《最高人民法院关于适用〈全国人民代表大会常务委员会关于禁毒的决定〉的若干问题的解释》第17条第1款规定：“明知是假毒品而冒充毒品贩卖的，以诈骗罪定罪处罚。不知道是假毒品而当作毒品走私、贩卖、运输、窝藏的，应当以走私、贩卖、运输、窝藏毒品犯罪（未遂）定罪处罚。”

无行驶车辆的情况下就狠狠地将石头向高速公路上扔了下去。当时徐某听到了“咣啷”一声巨响，但没有理会，骑车回了家。事后查明，徐某扔下的石头正好击中在高速公路上行驶的一辆轿车，致使该车司机当场死亡。

问：本案中，徐某行为的主观罪过是什么？

2. 案例二

2002年8月17日上午11时，李某同装卸工刘某、王某等三人驾驶解放牌大卡车由某乡向市里送货。李某驾车超速行驶，当开到某乡政府的十字路口时，将前方同方向骑车的季某、韩某连人带车撞出20多米，造成两人重伤（后因抢救不及时，二人于送医院途中死亡）。李某撞人后，为了逃避罪责，非但不停车抢救被害人、保护肇事现场、听候处理，反而继续加速行驶逃跑。一名出租车司机看到此情景后，驾车追赶，并示意其立即停车，但李某对此根本不予理会。当跑出大约3公里到市郊一农贸市场附近时，路上的人很多。被告人为摆脱该出租车，只顾逃跑，看到人多也不采取减速等措施，又把路边一骑车带着小孩的母女俩撞出10多米远，小孩当即死亡，妇女被撞成重伤，同时还撞伤在路边赶集的两位老人（重伤）。后被公安机关在路口设卡堵截。

问：本案中，李某的主观心理态度是什么？

3. 案例三

1999年某日中午，孙某（18岁）和李某（19岁）从山上砍柴回家。途中，二人见一自来水井的水泥预制护圈，重达200多公斤。孙某提出要比试谁的力气大，看谁能把水泥护圈搬起来，李某同意。两人把水泥护圈搬动后，推动其滚下了山坡。山坡下是一条公共道路，水泥护圈恰好将正在路上行走的一老汉赵某砸成重伤。

问：本案中，孙某和李某的主观罪过形式是什么？

4. 案例四

2010年1月20日14时许，被告人吴某某以做工程为由，哄骗王某等人将蝶山区地质灾害整治工作办公室设置在文澜路上山小路上的一段长约60米的铁护栏（重为716公斤，价值3222元）切割下来盗走，使该上山路段无任何防护设施，极易导致行人有跌落坡底伤亡之危险。当日19时许，当吴某某将切割好的铁护栏搬至文澜路二附小旁上山路口时，被公安人员当场抓获。

问：本案中，吴某某的主观心理态度是什么？

5. 案例五

赵某背着邻居家6岁的小孩小松出外玩耍，路遇一大粪坑，臭气熏天。赵某欲与小孩开玩笑，声称要把小松甩到粪坑里。小松说："你不敢。"赵某随即走到粪坑边，弓起身作甩人动作以吓唬小松，谁知因站立不稳，与小松一同掉入粪坑内。赵某当即大声呼救，附近的村民闻讯赶来，救起赵某，又捞出小松，结果小松因窒息而死亡。

问：赵某的主观心理态度是什么？

6. 案例六

孙某在工厂上班时与同车间的未婚青年陈某（23岁）相识。孙某的丈夫华某长期出差在外，孙某独守空房，难耐寂寞，以介绍对象为幌子与陈某勾搭成奸。孙某为了达到与陈某结婚的目的，设计谋杀亲夫。2001年某日，孙某的丈夫华某出差回家，孙某倍献殷勤，在丈夫喝的酒中放了安眠药。夜里趁着丈夫昏睡之际，孙某与陈某两人合力用绳子将华某的脖子勒住，致使华某昏死。孙某、陈某以为华某已经死亡，就松开了绳子。见华某已被杀死，陈某吓得瘫坐在地上，站不起来。此时，孙某恶从胆边生，一人背起已经昏死的丈夫华某，趁着夜色将其扔到附近的池塘中。后来华某的尸体被钓鱼的村民发现，报告公安机关。经过尸检查明，华某实际上是因为溺水而死。

问：（1）本案中，孙某存在何种认识错误？

（2）孙某的认识错误是否影响定罪量刑？

五、正当防卫与紧急避险

（一）案例分析

1. 李某涉嫌故意伤害案

【基本案情】

被告人李某，男，1974 年 9 月生，汉族，初中文化，某市场摊贩。

李某在某市场以卖水果为生。2007 年 1 月 15 日，李某守在水果摊前卖水果。王某要买水果，于是过来询问价格，感觉价格合适便买了 5 斤水果。傍晚王某来到李某的摊位前，说是因为水果不好吃想退掉已买的水果，李某不同意。于是，王某拿起水果扔向李某，李某随即躲闪，没有被打到。王某更加愤怒，上去朝李某的脸部打了两拳。因李某长得瘦小，王某长得高大，遂其不敢还手，还是躲闪。王某又上去掐住李某的脖子并朝其腹部用脚猛踢。李某想跑，王某拽住他继续殴打。李某情急之下拿起随身携带的水果刀朝王某腹部刺去，王某倒地。李某拨打了 110 与 120，王某经鉴定构成重伤。

【主要问题】

1. 正当防卫成立的条件是什么？
2. 本案中李某的行为是否属于正当防卫？
3. 本案中李某的防卫行为是否能适用刑法第 20 条第 3 款的规定？

【分析】

刑法第 20 条第 1 款规定：“为了使国家、公共利益、本人或者他人的人身、财产和其他权利免受正在进行的不法侵害，而采取的制止不法侵害的行为，对不法侵害人造成损害的，属于正当防卫，不负刑事责任。”

正当防卫的成立必须具备如下条件：

（1）防卫起因，是客观存在不法侵害。所谓不法侵害，是指侵害国家利益、公共利益和公民的合法权益，因而具有一定的社会危害性，并为法律所禁止的行为。不法侵害既包括犯罪行为，也包括一般违法行为，但并不泛指一切违法犯罪行为，而应当是具有攻击性、破坏性、侵害紧迫性，并且通过正当防卫可以制止侵害，从而防止或减轻其危害结果的违法犯罪行为。对于合法行为不得实行防卫。

不法侵害必须客观存在。也就是说，不法侵害应当实际存在，并非由防卫人主观想象、推测的。如果实际上并不存在不法侵害，实施防卫的人误认为存在“不法侵害”，并实行所谓“防卫”，以致造成他人的合法权益受到损害的，这在刑法理论上称为假想防卫，不能成立正当防卫。对于假想防卫造成严重后果的，一般应根据行为人主观上有无过失而予以不同的处理：以过失犯罪追究行为人的刑事责任，或者以意外事件作无罪处理。

（2）防卫时间，必须在不法侵害正在进行之时。不法侵害正在进行，是指不法侵害已经开始并且尚未结束的时间过程。只有在这一特定的时间过程中，才能实行正当防卫。如果不法侵害尚未开始或者已经结束，均不得实行正当防卫。

不法侵害已经开始，一般是指不法侵害人已经着手实行不法侵害行为，致使合法权益受到了直接侵害或紧迫威胁。在特殊情形下，如果不法侵害人虽然尚未着手实行不法侵害行为，但其不法侵害的预备行为对于合法权益构成的现实威胁已经十分明显，若不实行正当防卫便会立即发生危害社会的结果时，也应视为不法侵害已经开始。不法侵害开始，意味着合法权益已经受到了直接侵害或紧迫威胁，此时实行正当防卫已经具有了现实的必要性。

不法侵害尚未结束，是指不法侵害对合法权益形成的危险状态尚未消失，威胁尚未解除。

无论是尚未开始实行的不法侵害行为，或者是已经结束的不法侵害行为，由于客观上并未出现或不再存在实行防卫的现实需要，因而不能实行正当防卫。如果在此时实行防卫，则是防卫不适时。在司法实践中，防卫不适时有两种情况：

一是事先防卫，即在对方只有单纯的侵害意图表示或只有不法侵害的预备行为时而实行的“防卫”。但是，在一定情形下，某些不法侵害的预备行为与实行行为是紧密衔接的，并无明显的区分界限，预备行为一旦完成便即刻转入实行行为，因而只要实际的侵害行为对于合法权益的严重威胁已经处于相当迫近的时刻，严重侵害结果即刻就会发生，此时实行的防卫，就是适时的防卫而不是事先防卫。

二是事后防卫，即对已经结束的不法侵害，仍然继续实行或者才开始实行的防卫。

无论是事先防卫还是事后防卫，由于不具备防卫的时间条件，均不能成立正当防卫，如果造成了严重后果，应根据行为人有无罪过以及罪过的性质，作不同的处理。

（3）防卫对象，只能是不法侵害者本人。防卫行为只能通过损害不法侵害者本人的权益来制止不法侵害，因此，只有不法侵害者本人（包括共同侵害人）才是防卫的对象。

对于他人利用动物侵袭合法权益的不法侵害行为，无论是针对利用者本人还是针对被利用的动物进行反侵害，都可以成立正当防卫。但是，如果作为他人财产的动物或者作为国家保护的野生动物的侵袭是自发的，虽然也可以采取行为予以制止，但是不属于正当防卫，符合紧急避险条件的，可以成立紧急避险。

（4）防卫意图，必须是为了使国家、公共利益、本人或者他人的人身、财产和其他权利免受不法侵害，而决意制止不法侵害。

如果为了实现某种非法目的或为了保护非法利益而实行所谓“防卫”，不能成立正当防卫。这主要包括以下几种情形：

①防卫挑拨，即为了达到某种非法目的，故意挑逗并引起对方先对自己进行“侵害”，然后借口“防卫”加害对方的行为。防卫挑拨在实质上属于有预谋的故意侵害，不具备正当的防卫意图，不能成立正当防卫；如果构成犯罪，应当追究防卫挑拨行为人故意犯罪的刑事责任。

②相互斗殴，即双方均基于非法伤害的意图而发生的互相殴击行为。在斗殴中，双方都不具有正当的防卫意图，却均具有伤害对方的故意，因而任何一方的斗殴行为都不能成立正当防卫，而属于不法侵害行为；如果造成严重后果，构成犯罪的，应当追究刑事责任。但是，如果其中一方已明确放弃伤害对方的故意，完全退出斗殴，而另一方仍然继续加害对方，则退出斗殴的一方为了保护自己的人身权利不受侵害而实行的直接反击侵害，应当属于正当防卫。

③偶然防卫，即行为人在故意侵害他人的合法权益时，恰遇他人正在进行不法侵害，行为人的侵害行为在客观上制止了他人的不法侵害，因而巧合了正当防卫的客观条件的情形。在偶然防卫中，行为人的行为是基于侵害他人合法权益的故意而实施的，并不具备正当的防卫意图，即便在客观上制止了他人的不法侵害，也不能成立正当防卫；如果造成严重后果，构成犯罪的，也应当追究其刑事责任。

④为了保护非法利益而对其他不法侵害实行的还击行为。由于不具有正当的防卫意图，不能成立正当防卫。对此应当根据各自的行为性质分别追究相应的法律责任；构成犯罪的，则应按照各自构成的犯罪追究刑事责任。

（5）防卫损害，不得明显超过必要限度造成不应有的重大损害。

正当防卫的必要限度，即刑法所规定的，为保持防卫的正当性而要求防卫损害之轻重应予遵守的界限。正当防卫是以对不法侵害人造成损害的方式来制止不法侵害的，为了避免滥用防卫，造成不应有的重大损害，以保持防卫的正当性，必须要求防卫行为对不法侵害人的人身、财产等所造成的损害有一个限度的规定。凡是在必要限度内所造成的损害，都是应有的损害，不具有社会危害性，为法律所允许；而明显超过必要限度所造成的重大损害，则是不应有的损害，具有社会危害性，并且使防卫性质由合法反击侵害转换为非法的侵害，构成防卫过当，为法律所不允许。

关于正当防卫的必要限度的基本标准，主要有“基本适应说”、“客观需要说”以及“客观需要和基本适应统一说”。“基本适应说”，即认为防卫的必要限度，是指防卫行为必须与不法侵害行为相适应。所谓相适应，是指防卫行为所造成的损害从轻重、大小等方面来衡量与不法侵害大体相适应。“客观需要说”，即认为应以有效地制止不法侵害的客观实际需要作为防卫的必要限度。“客观需要和基本适应统一说”，即折中说，则认为应以防卫人的行为正好足以制止侵害人的不法侵害行为，而没有对不法侵害人造成不应有的危害作为防卫的必要限度。

综合评价上述学说，“客观需要和基本适应统一说”更科学合理，即防卫行为对不法侵害人所造成的防卫损害，必须为足以有效制止不法侵害所必需，并且不属于明显的不应有的重大损害。

上述五个条件，必须同时具备，才能成立正当防卫。

本案中客观上存在王某对李某的不法侵害。王某朝李某脸部打了两拳，李某没还手，只是躲闪，王某还不罢休，仍上去掐住李某的脖子并朝其腹部用脚猛踢，因此客观上存在不法侵害，符合正当防卫的起因条件。李某实施防卫行为时，王某正在实施不法侵害，李某的防卫行为符合正当防卫的时间条件。李某的防卫行为是针对不法侵害人王某实施的防卫，符合正当防卫的对象条件。李某的防卫行为是为了保护自己的人身权利免受不法侵害，因此具有正当的防卫意图。李某的防卫行为致王某重伤的后果，是有效地制止王某的不法侵害行为客观上所必需，并且与不法侵害在大小、强度上没太过悬殊，基本相适应，即没有明显超过必要限度，没造成重大损害，完全符合正当防卫的限度条件。本案中李某的行为同时符合正当防卫的五个条件，属于正当防卫。

刑法第 20 条第 3 款是对严重危及人身安全的暴力犯罪人实施防卫所作出的特殊规定。本案王某朝李某的脸部打了两拳，因李某长得瘦小，王某长得高大，不敢还手，还是躲闪，王某于是上去掐住李某的脖子并朝其腹部用脚猛踢等行为，仅能说明被害人意图殴打被告人，尚无充足证据表明被害人欲对被告人行凶，尚达不到严重危及人身安全的暴力犯罪程度，只能认定为一般的不法侵害行为，不适用该条款的规定。

2. 韩某涉嫌故意伤害案

【基本案情】

被告人韩某，男，1981 年 3 月 26 日生，被逮捕前系某大学学生，因涉嫌犯故意伤害罪于 2003 年 9 月 10 日被逮捕。

2003 年 8 月 30 日 19 时许，被害人王某见被告人韩某同林某在山东省乳山市

××网吧上网，王某认为林某是自己的女友，竟同韩某一同上网，即对韩某产生不满，遂纠集宋某、贾某等四人到网吧找韩某。王某先让其中二人进网吧叫韩某出来，因韩某不愿出来，王某又自己到网吧中拖扯韩某，二人发生争执，后被网吧老板拉开。王某等人到网吧外等候韩某，当韩某、林某二人走出网吧时，王某即将韩某拖到一旁，并朝韩某踢了一脚。韩某挣脱后向南跑，王某在后追赶，宋某、贾某等人也随后追赶。韩某见王某追上，即持随身携带的匕首朝王某挥舞，其中一刀刺中王某左颈部，致王某左侧颈动脉、静脉断裂，急性大失血性休克死亡。

【主要问题】

1. 本案中韩某的行为是否属于防卫过当？
2. 本案中韩某行为的主观罪过是什么？
3. 韩某的行为能否适用刑法第 20 条第 3 款的规定？
4. 本案中韩某的行为如何认定？

【分析】

根据刑法第 20 条第 2 款的规定，防卫过当，是指明显超过必要限度而造成重大损害的防卫行为。

正当防卫的必要限度，即刑法所规定的，为保持防卫的正当性而要求防卫损害之轻重应予遵守的界限。正当防卫是以对不法侵害人造成损害的方式来制止不法侵害的，为了避免防卫权的滥用，造成不应有的重大损害，以保持防卫的正当性，必须要求防卫行为对不法侵害人的人身、财产等所造成的损害有一个限度的规定。凡是在必要限度内所造成的损害，都是应有的损害，不具有社会危害性，为法律所允许；而明显超过必要限度所造成的重大损害，则是不应有的损害，具有社会危害性，并且使防卫性质由合法反击侵害转换为非法的侵害，构成防卫过当，为法律所不允许。

我国 1979 年刑法第 17 条规定了正当防卫，并将防卫过当界定为：正当防卫超过必要限度造成不应有的危害行为。由于 1979 年刑法实施后不久，我国就开始了“严打”运动，司法机关对于正当防卫及其限度条件掌握过严，在处理防卫案件中，往往把属于正当防卫的案件认定为防卫过当并追究了防卫人的刑事责任。另外，在司法实践中，“不应有”的危害标准的主观随意性和模糊性是显而易见的，哪些是应有的损害，哪些是不应有的损害，不同的司法机关往往掌握的标准不统一。鉴于此，如何把握正当防卫的限度，就成为我国 1997 年刑法修订中的热点问题。立法机关一方面要鼓励公民积极利用防卫权同违法犯罪行为进行斗争，另一方面又唯恐公民滥用防卫权，所以在修订刑法时，把防卫过当修改为明显超过必要限度而造成重大损害的防卫行为，增加了“明显超过”和“造成重大损害”等字眼，拓展了防卫行为的正当性范围。这两个条件要同时具备，才是防卫过当的问题，如果防卫行为虽然明显超过了必要限度，但是如果没因此造成重大损害后果，仍然是正当防卫的问题。

防卫过当中的防卫人虽然也是为了维护合法权益，对正在进行不法侵害的不法侵害者本人实行防卫，但由于防卫明显超过了必要限度，造成了不应有的重大损害。而一旦防卫损害的限度明显超过合法界限，便使防卫行为发生了质的变化，即从有益于社会的行为转化为有害于社会的侵害行为，并为法律所不允许。防卫过当具有以下两个特征：

在客观方面，防卫行为所造成的防卫损害后果已明显超过必要限度，导致了不应有的重大损害，具有一定的社会危害性。

在主观方面，虽然防卫人仍然具有为了使合法权益免受不法侵害，而决意制止不法侵害的防卫意图，但同时又具有某种性质的主观罪过。一般来说，防卫过当行为人的主观罪过多属于过失，即行为人具有应当预见自己的防卫行为可能明显超过必要限度造成不应有的重大损害，因为疏忽大意而没有预见，或者虽已预见，但轻信能够避免的心理态度。在少数情况下，也不排除间接故意的存在，即行为人具有明知自己的防卫行为可能明显超过必要限度造成不应有的重大损害，而放任危害结果发生的心理态度。

防卫过当具有犯罪的社会危害性，符合某种犯罪的犯罪构成，依法成立犯罪，因而行为人应当承担一定的刑事责任。由于防卫过当所构成的犯罪，其社会危害性和犯罪人的人身危险性比一般犯罪要轻，行为人所承担的刑事责任也应轻于一般犯罪。因此，根据刑法第 20 条第 2 款的规定，防卫过当应当负刑事责任，但是应当减轻或者免除处罚。

在追究防卫过当行为人刑事责任时，需要注意防卫过当本身不是罪名，因此应当根据防卫人的主观罪过性质和实际造成的损害后果适用相关的罪名。

综观本案的全过程，首先，韩某为使自身人身权利免受正在进行的不法侵害而采取制止不法侵害的行为，具有正当的防卫意图，即符合为了保护国家、公共利益、本人或者他人的人身、财产或其他权利免受正在进行的不法侵害的正当的防卫意图。本案中，韩某所实施的防卫行为，满足不法侵害正在进行的防卫的时间条件。所谓“不法侵害”，不仅包括犯罪行为，还包括一切违法、危害社会行为。本案中，王某等人追赶韩某的行为，是不法侵害的持续而非中止，此时韩某所面临的不法侵害的威胁并未消除或减弱，即不法侵害行为正在进行。韩某为免遭不法侵害的继续而逃脱，被害人等仍然群起追赶，可见被害人一方的不法侵害对韩某的人身安全所造成的威胁并没有消除或停止，并可能进一步加重，对韩某的不法侵害行为处于持续状态。因此，韩某实施反击时，正值不法侵害行为正在进行的紧迫期间，其实施防卫行为是适时的。被害人王某仅因嫉妒而纠集多人，先在网吧滋事，再行殴打韩某，韩某的人身安全权利因此遭受到现实的不法侵害，符合防卫的起因条件，即客观上确实存在不法侵害。韩某针对王某等人实施的反击行为，符合防卫的对象条件。本案的案发原因是被害人王某因嫉妒而殴打韩某。王某纠集、唆使他人进入网吧寻衅以及积极主动地实施进入网吧滋事、殴打及追赶韩某的行为，表明王某是组织、指挥、实施寻衅滋事的主要不法侵害人；韩某是在被害人王某伙同其他不法侵害人正在追击的时候，针对被害人本人当场实施反击，制止其所实行的不法侵害行为，以使其停止侵害或丧失侵害能力，符合防卫的对象条件。综上所述，韩某实施的防卫行为，符合防卫的意图、防卫的起因、防卫的对象及防卫的时间条件，那么是否符合防卫的限度条件，是区分正当防卫还是防卫过当的关键所在。

本案中，被害人王某一方所实施的不法侵害行为仅为赤手空拳，没有持械，只实施了拖拉、撕扯、脚踢、围堵、追赶等行为，采取的手段及暴力强度尚未达到对韩某人身安全造成严重危害的程度。而韩某所实施的防卫行为使用的是持刀捅刺不法侵害人的手段，强度已经远远超过足以制止不法侵害人所实施的侵害行为的手段和强度。韩某实施的防卫行为致不法侵害人死亡的严重后果，实际上也已经超出不法侵害人对其殴打行为通常可能造成的人身安全损害后果，两者存在过于明显的失衡，造成了不应有的重大人身伤亡的严重后果。综上所述，足以认定韩某的防卫行为符合明显超过必要限度造成重大损害，属于防卫过当。主观上，韩某既不是疏忽大意的过失，也不是过于自信的过失，应是间接故意，即明知自己的防卫行为可能明显超过必要限度造成不应有的重大损害，而放任这种危害结果发生，韩某在实施防卫行为时，持刀伤人并致人死亡，其行为已构成故意伤害罪。

刑法第 20 条第 3 款是对严重危及人身安全的暴力犯罪人实施防卫所作出的特殊规定。本案被害人所实施的撕扯、脚踢等行为，仅能说明被害人意图殴打被告人，尚无充足证据表明被害人欲对被告人行凶，尚达不到严重危及人身安全的暴力犯罪程度，只能认定为一般的不法侵害行为，不适用该条款的规定。

3. 叶某涉嫌故意杀人案

【基本案情】

被告人叶某，男，1976 年 7 月 30 日生。

2008 年 7 月上旬，王某等人在被告人叶某开设的饭店吃饭后未付款。数天后，王某路过叶某的饭店时，叶某向其催讨所欠饭款，王某认为有损其声誉，于同月 20 日晚纠集郑某等人到该店滋事，叶某持刀反抗，王某等人即逃离。次日晚 6 时许，王某、郑某纠集陈某、卢某、何某等人又到叶某的饭店滋事，以言语威胁，要叶某请客了事。叶某不从，王某即从郑某处取过东洋刀往叶某的左臂及头部各砍一刀。叶某拔出自备的尖刀还击，在店门口刺中王某胸部一刀后，冲出门外侧身将王某抱住，两人互相扭打砍刺。在一旁的郑某见状即拿起旁边的一张方凳砸向叶某的头部，叶某转身还击一刀，刺中郑某的胸部后又继续与王某扭打，将王某压在地上并夺下王某手中的东洋刀。王某和郑某经送医院抢救无效死亡，叶某全身多处受伤，其损伤程度属轻伤。

【主要问题】

1. 特殊防卫权的特征是什么？
2. 本案中叶某的行为如何认定？

【分析】

刑法第20条第3款规定："对正在进行行凶、杀人、抢劫、强奸、绑架以及其他严重危及人身安全的暴力犯罪，采取防卫行为，造成不法侵害人伤亡的，不属于防卫过当，不负刑事责任。"对该条款的称谓，学者意见不统一，目前有三种观点：一是特殊防卫权，二是无限防卫权，三是无过当之防卫。

有些学者认为，我国现行刑法第20条第3款对严重危及人身安全的暴力犯罪实行防卫尽管有前提条件的限制，但却没有防卫限度条件的限制，因而该款是对无限防卫权的明确确认。无限防卫权实际是权益人任意处置不法侵害人的权利。这种观点容易使社会公众发生误解，从而导致防卫权的滥用。但也有学者认为，我国现行刑法第20条第3款的规定并不意味着允许防卫人对某些犯罪侵害人可以无限防卫，行为人首先面对的是暴力犯罪，并且当暴力犯罪正在进行并严重危及到人身安全时，而且强调是"防卫行为"，即在防卫过程中为制止不法侵害而杀伤不法侵害者。因此，现行刑法第20条第3款仍然以防卫为宗旨，脱离了这一条件，杀伤不法侵害者，仍然可能构成犯罪。所以，不能说现行刑法第20条第3款的规定等于有限地承认无限防卫权，更不能将这一规定等同于无限防卫权。[①] 笔者赞同后一种观点。这是因为，现行刑法第20条第3款规定的防卫权并非一概无限制或无限度。恰恰相反，该款规定的防卫权的适用是有限制条件的，而若将该款的规定称为特殊防卫权，则既可避免"无限防卫权"称谓所潜藏着的危险，又有利于广大公民正确地认识这种防卫权利，从而有助于积极地利用正当防卫与违法犯罪作斗争。有的学者认为该条款称为无过当之防卫更为恰当，认为从1997年刑法第20条的规定来看，我国刑法中的正当防卫存在两种情形：第2款是有过当之防卫，第3款是无过当之防卫。从逻辑上来说，第3款是第2款的例外，无过当之防卫具有特殊的条件。[②] 有的学者认为无过当防卫没有揭示刑法第20条第2款

① 高西江主编：《中华人民共和国刑法的修订与适用》，中国方正出版社1997年版，第112页。

② 陈兴良著：《判例刑法学》（上卷），中国人民大学出版社2009年版，第178页。

和第3款之间的关系，会使人误以为这两款是对立的关系而不是第3款进一步补充第2款的关系。[①] 笔者认为，无过当之防卫的称谓也不是十分恰当确切，刑法之所以作出第20条第3款这样的规定，是因为此类暴力犯罪侵害强度极大，对人身安全的危害极严重，而且具有高度紧迫性和危险性，防卫人往往必须采取可能导致不法侵害人重大伤亡后果的极端手段，才足以有效制止不法侵害，所以针对暴力犯罪，即使造成这样的危害后果，仍符合限度条件的规定，不是防卫过当。综上所述，该条款称为特殊防卫权更为恰当。

特殊防卫权只能适用于严重危及人身安全的暴力犯罪侵害。一般防卫权可以是针对任何侵犯"国家、公共利益、本人或者他人的人身、财产和其他权利"的不法侵害进行反击，而特殊防卫权则不一样，它必须在发生了严重危及人身安全的暴力犯罪侵害的时候才能实施。对于仅仅危及国家利益、公共利益或者财产权利的暴力犯罪侵害，只要这种侵害没有危及到人身安全，则不允许进行特殊防卫，而只能进行一般防卫。这是特殊防卫权不同于一般防卫权的一个重要特征。那么，什么是"危及人身安全"的暴力犯罪呢？从现行刑法列举的犯罪来看，主要是指侵犯人的生命权、自由权、健康权、性权利等权利的犯罪。

根据现行刑法第20条第3款的规定，特殊防卫权的适用对象是行凶、杀人、抢劫、强奸、绑架以及其他严重危及人身安全的暴力犯罪。那么，如何理解这里的行凶、杀人、抢劫、强奸、绑架罪？所谓行凶，有学者认为是指故意实施的危及他人生命、健康的暴力犯罪行为。作为犯罪手段，行凶可以包括多种危及人身安全的暴力犯罪，如故意伤害、故意杀人、聚众斗殴等暴力犯罪行为，同时，这些犯罪手段也触犯了相应的不同暴力犯罪罪名。[②] 不过，笔者认为，现行刑法在特殊防卫权的规定中使用"行凶"一词不妥。这是因为，严格说来，行凶并不是一个法律术语，更不是一个独立的罪名，将其与"杀人、抢劫、强奸、绑架"等其他罪名并列在一起，不符合逻辑要求。并且，根据如上所述，"行凶"一般是指故意伤害或者故意杀人的行为。将行凶与杀人并列，表明这里的行凶是不包括杀人行为在内的。伤害行为、聚众斗殴等暴力犯罪行为是否包括在行凶之内呢？对此，法律没有明确的说明，这也难免造成人们理解上的歧义。

所谓杀人、抢劫、强奸、绑架，其具体含义是明确的，但是，它们究竟是指四个具体的罪名，还是指四种形式的犯罪行为，学者理解也不尽一致。有学者认为，这四种犯罪既是指具体罪名，也可以指四种形式的犯罪手段。即对此应作广义的理解，是一种罪名与手段相结合的立法形式。[③] 我们赞成这种理解。具体地

---

① 王政勋著：《正当行为论》，法律出版社2000年版，第204页。

② 王作富、阮方民：《关于新刑法中特别防卫权的规定的研究》，载《中国法学》1998年第5期。

③ 王作富、阮方民：《关于新刑法中特别防卫权的规定的研究》，载《中国法学》1998年第5期。

说，第一，杀人、抢劫、强奸、绑架，应当包括具有相同性质或者相同手段的多种罪名，换言之，“杀人、抢劫、强奸、绑架”包括以这四种具体犯罪罪名定罪的存在着两种以上犯罪行为的情形。第二，这四种犯罪也可以是指以这四种手段所实施的触犯其他罪名的犯罪。例如，绑架犯罪，不仅指现行刑法第 239 条规定的绑架罪，而且还包括以绑架的手段实施的触犯其他罪名的犯罪。又如，对于现行刑法第 240 条第 5 项规定的“以出卖为目，使用暴力、胁迫或者麻醉的方法绑架妇女、儿童”的行为。对于抢劫犯罪，不应狭义地理解为仅指侵犯财产罪中的抢劫罪，还应当包括现行刑法第 127 条第 2 款规定的抢劫枪支、弹药、爆炸物罪。因为对于后罪来说，其侵犯的客体中同样包含了人身权利，使用的手段同样也是暴力的手段，具有抢劫的性质，并且危害性远远大于一般的抢劫财物犯罪。现行刑法专门对该罪规定了较一般抢劫罪重得多的法定刑幅度，既然允许对一般的抢劫罪实施特殊防卫行为，那么，对于社会危害严重得多的抢劫枪支、弹药、爆炸物罪，当然也可以实施特殊防卫。①

严重危及人身安全中的“危及”，是指不法侵害很可能损及防卫人的人身安全，而非已经损及到其人身安全。在司法实践中，人们往往自觉不自觉地以防卫人是否已实际遭受到严重伤害作为衡量严重危及的标准。这实际上是对刑法条文的误解。

根据现行刑法第 20 条第 3 款之规定，特殊防卫只能对正在进行的行凶、杀人、抢劫、强奸、绑架以及其他严重危及人身安全的暴力犯罪实行。这里的正在进行，是指上述严重危及人身安全的暴力犯罪已经开始尚未结束、正在进行的过程中。如果这种严重危及人身安全的暴力犯罪已经结束，对之实施的行为既不是特殊防卫，也不是防卫过当，而是一种报复行为，应当根据该行为所具备的特征，以相应的犯罪论处。

本案中，王某纠集人员到叶某所开的饭店寻衅滋事，并持东洋刀向叶某左臂、头部连砍两刀，属于严重侵害他人人身安全的暴力犯罪中的行凶行为。叶某在被砍两刀后，持尖刀反击，符合刑法第 20 条第 3 款关于特殊防卫权的规定。

需要注意的是，本案中，叶某没有互相斗殴的主观故意。互相斗殴，双方都有加害对方的主观故意，没有正当的防卫意图，即为了保护国家、公共利益、本人和他人的人身、财产和其他权利免受不法侵害的正当意图，客观上都实施了加害对方的行为。叶某在不法侵害人纠集人员前来寻衅报复之后，自备尖刀，携带在身上，以备自卫，完全合乎情理。在受到不法侵害前，并没有首先使用尖刀。相反在制止了不法侵害后，就及时停止了防卫行为，没再继续使用尖刀砍刺不法侵害人。法律并没有规定防卫行为必须使用什么样的防卫工具，只要是制止不法侵害客观上实际需要，与不法侵害行为在大小强度基本相适用，不太过于悬殊，

---

① 赵秉志主编：《犯罪总论问题探索》，法律出版社 2003 年版，第 651 页。

就是防卫行为。

叶某受伤程度属轻伤能否适用特殊防卫权的规定？持否定论的观点认为叶某只受到轻伤，说明王某、郑某的侵害行为没有达到严重危及叶某人身安全的程度。这种观点是有失偏颇的，也是站不住脚的。防卫人受到轻伤或者没有受到实际伤害，应该说是防卫行为起作用才及时制止了不法侵害，减轻或避免了不法危害结果的进一步扩大，不能因此推断出不法侵害人的侵害行为没有达到严重危及人身安全的程度。刑法也没有规定，只有防卫人受到严重伤害或者抢劫或强奸既遂才可适用特殊防卫权，特殊防卫权的目的就是及时制止暴力犯罪的侵害，把可能造成的人身安全的危害程度降到最低，只要这种暴力犯罪严重危及人身安全，并不要求确实已造成现实上的严重危害后果，才能实施特殊防卫权。

4. 王某涉嫌放火、故意毁坏财物案

【基本案情】

被告人王某与本村的刘某因承包村办企业发生矛盾。2002 年 4 月 1 日晚，王某在刘某屋后用汽油点燃一堆柴草企图烧毁刘某的房屋（该房连着其他房屋），不料当时刮起强劲的北风，将着火物刮向 10 米之外的王某自己的住宅及其价值数百万元的粮食加工厂和他人住宅。在众人用水扑救无效的情况下，王某为保全自己的财产，遂从附近建筑工地开来一辆他人的工程车，王某开车接连推倒自己的四间房屋才阻止火势，保住了自己住宅的大部分及其加工厂，但将该工程车砸毁，损失五十余万元。

【主要问题】

1. 紧急避险的定义和成立的条件是什么？
2. 紧急避险中的危险是否包括自己的不法行为引起的危险？
3. 本案中王某的行为是否属于紧急避险？
4. 本案中王某的行为如何认定？

【分析】

刑法第 21 条第 1 款规定："为了使国家、公共利益、本人或者他人的人身、财产和其他权利免受正在发生的危险，不得已采取的紧急避险行为，造成损害的，不负刑事责任。"据此，刑法学界通说认为，所谓紧急避险，是指为了使国家、公共利益、本人或者他人的人身、财产和其他权利免受正在发生的危险，在迫不得已的情形下，所采取的损害另一较小的合法权益而保全较大合法权益的行为。

紧急避险的成立需具备的条件：

（1）避险起因，必须是客观存在一定的危险。引起避险行为的直接原因是存在危险。这里所说的危险，是指足以造成国家利益、公共利益、本人或者他人的人身、财产和其他权利受到严重损害的各种情形。合法行为不属于危险的范畴，对于合法行为，不得实行紧急避险。

危险的来源较为广泛，主要包括：其一，自然破坏力量对合法权益形成的危险；其二，动物侵袭对合法权益形成的危险；其三，不法侵害行为对合法权益形成的危险；其四，人的生理疾病原因对合法权益形成的危险。

（2）避险时间应当是危险正在发生之时。所谓正在发生，是指危险已经直接面临，并且尚未消失。

（3）避险的选择必须是在不得已的紧急情况之下。所谓不得已的紧急情况，是指所发生的危险已经使合法权益受到极其严重的威胁甚至一定程度的损害，对于合法权益的保护已经刻不容缓，而行为人除选择采取紧急避险外，已无其他合适的方法可以避免危险的情况。

（4）避险意图必须是为了保护国家利益、公共利益和公民个人合法权益免受损害。避险行为人具有保护合法权益免受损害的避险意图，是避险正当性的重要依据，也是紧急避险成立的重要条件。如果为了避免非法利益受损失而损害合法权益，则属于非法侵害，不能成立紧急避险；造成严重后果，构成犯罪的，应当依法追究行为人的刑事责任。

（5）避险所损害的权益属于第三者。紧急避险是将危险可能造成的损害，从避险所保护的某一合法权益转嫁于另一合法权益。因此，一般认为，紧急避险所损害的只能是属于第三者的合法权益。① 所谓第三者的合法权益，是指避险人意图所保护的合法权益以外的他人的合法权益。

（6）避险损害不能超过必要限度。紧急避险的必要限度，即刑法所规定的，为保持避险的正当性而要求避险损害之轻重应予遵守的界限。它的具体标准，一般认为是避险行为所造成的损害结果必须小于所避免的损害。

（7）避险主体在避免本人危险的情形下受到一定限制。根据刑法第21条第3款的规定，关于避免本人危险的规定，不适用于职务上、业务上负有特定责任的人。这里所说的“特定责任”，是指一定的人员基于其所具有的特定职务或者所从事的特定业务，在一定情形下所产生的必须排除某种危险以保护国家、公共利益或他人权益的法律义务。上述条件必须同时具备，才能成立紧急避险。

本案中的危险是王某故意放火的行为引起，因此其行为是否符合紧急避险的

---

① 也有学者认为，为了避免（而不是制止）来自不法侵害的危险，而损害不法侵害人的合法权益，也应被视为紧急避险。因而，紧急避险所损害的合法权益，是否仅限于第三者的合法权益，仍有必要研究。参见张明楷著：《刑法学》（上），法律出版社1997年版，第238页。

起因条件？对自己的犯罪行为造成的危险，能否实行紧急避险？各国刑法对此有不同的规定。有的国家明确规定对于自己的不法行为带来的危险不能实施紧急避险，如德国刑法规定危险因自己引起时不能适用紧急避险的规定，意大利刑法要求“危难并非行为人故意引起”，而有的国家对自己的不法行为带来的危险能否实施紧急避险没有明确规定，我国刑法对此也没作规定。对于自己的不法行为带来的危险能否适用紧急避险，学者的观点也不统一。有的学者认为，如果损害危险是由行为人的不法行为引起的，行为人无权避险。但大多数学者则认为，应当允许其紧急避险，在自己的不法侵害行为造成危险的场合，如果危险是行为人故意或过失招致的，仍然应当允许其实施紧急避险，特别是应当允许其为保护国家、社会利益或他人权利而实施紧急避险行为。

笔者认为，要回答此问题，首先要根据我国刑法对紧急避险的规定，厘清紧急避险的性质。紧急避险实际上是在客观上正在面临危险的特定情况下，当两个合法权益发生冲突又只能保全其中之一的紧急情况下，刑法默许为了保全较大的权益而牺牲较小权益的紧急避险行为的合法性。在此情形下，法律考虑是否存在两个合法权益冲突，需要保全较大的合法权益，从而在总体上更有利于社会。危险的来源，刑法对此没作限定，自己的不法侵害行为带来的危险也应在此列，不应排除在外。也就是说，自己的不法侵害行为带来的危险，为避免此危险，因此实施的避险行为，只要具备紧急避险的条件，也是排除社会危害性行为，成为刑法中的合法行为。行为人在实施不法侵害行为的过程中或因自己的不法侵害使国家、公共利益、本人或他人的人身、财产或其他权利正面临危险的紧迫威胁时，产生真诚的悔悟，实施紧急避险，可以把危害降到最低。在此种情况下，如果法律不允许紧急避险，让其坐视不理，任危害结果扩大和进一步发展，不符合紧急避险的立法宗旨，于情于理也说不过去，特别是为了保护国家、社会利益或他人权利时更是如此。当然，如果行为人是出于某种非法目的，故意地实施某种行为而引起危险发生，并以此为借口实行避险行为以实现其非法目的，不符合实施紧急避险的条件，不是紧急避险行为。这里不是因为自己的不法行为带来的危险不能避险，而是行为人不具备避险的正当意图，其主观上不是为了保护合法权益，避免遭受正在发生的危险的损害，而是故意损害他人合法权益。

本案中，王某用工程车推倒房屋的行为，虽造成工程车砸毁，但王某主观上既不是出于故意，也不是出于过失，是排除犯罪性的行为，完全符合紧急避险的条件，是紧急避险。因为王某主观上是想避免自己住宅及其价值数百万元的粮食加工厂遭受损失，客观上危险也正在发生，王某也是迫不得已，没有其他方法来保全自己财产，而且也没有超过必要限度。

王某主观上具有危害公共安全的故意，客观上实施了放火行为并足以造成危害不特定多数人的生命、健康及财物安全的行为，其行为已构成放火罪。工程车的毁坏虽不是被大火直接烧毁，但这种后果是以王某的紧急避险行为作为中介环节，由他实施的放火行为的原因间接引起，放火行为与紧急避险行为共同导致了工程车的毁坏后果的发生，实施的放火行为在此包含了工程车被毁的后果的内在可能性和现实性，因此二者存在因果关系。又因为王某的放火行为在主观上存有故意，该行为又是刑法明文规定的犯罪行为，且造成了财物重大损失的后果，王某的行为构成放火罪，应当适用刑法第115条的规定予以追究。

（二）思考案例

1. 案例一

2007年7月9日，船民王某与其妻孙某驾船至上海市苏州河某码头时，为了使船只能够顺利地从铁路桥下通过，就用自己家的水泵从河中抽水压其船上水仓。当日下午4时许，另一船民李某驾船泊于王某船外侧，王某与其妻孙某见状让李某把船移开，并告知李某船泊的太近挤坏了水泵“你要赔钱的”，李某仗着人多，故意将王某的水泵拎起又重重摔下，嘴里还骂骂咧咧。王某见其蛮不讲理，便不再与之纠缠，独自走向码头。李某却不罢休，继而又与王某的妻子孙某争吵起来，并拿起一根拖把棍，与其同乡张某等一共6人涌上王某的船，分别对王某、孙某夫妇进行围攻。混乱中，张某用鹅卵石猛击王某的头部，王某顿时头破血流。情急之下，王某趁隙顺手从船上操起一根螺纹钢棍向围攻的人挥击，两次击中张某的头部，张某当即倒地不起，送医院后因颅脑损伤经抢救无效死亡。

问：（1）王某的行为属于正当防卫还是防卫过当？

（2）王某的行为是否适用新刑法第20条第3款的规定？

2. 案例二

被告人何某（女，35岁）于某年6月15日回娘家，在小荒山上与身强力壮的搬运工人王某相遇。王某身揣屠刀一把，拟去正操办婚事的弟弟家杀猪宰羊，见何某孤身一人，顿起淫心，先以秽语挑逗，要求发生两性关系，被何某责骂拒绝。王某即亮出屠刀威逼何某脱衣服。何某见王某身强力壮，相貌凶恶，且手持屠刀，而现场是一片荒野，既不见房舍，又不见行人，自己赤手空拳难以抵御，便假作应允，说到前面找一地方，以作缓兵之计。走到山脚，何某见前面有一堵矮墙，下面是一个很大的粪池，便走至池边，佯作解衣，并招呼王某也过去。当王某在池边一只脚着地，一只脚抬起脱裤子时，何某奋力一推，将王某推落粪池。粪池既深且大，王某又不会游泳，落入粪池后拼命挣扎，双手撑住地沿，几次想爬上岸来，均被何某掰开双手，将其再次推入粪池。何某一面不让王某爬上来，一面大喊“抓坏人”。由于正值中午，路上没有行人，直至王某无力爬上时，何某才穿上衣服，拼命地跑到前村告诉村民，并带领几个村民返回粪池捉人。当赶到现场时，王某已被淹死在池内。

问：（1）王某的行为是否属于正当防卫？

（2）王某的行为能否适用刑法第20条第3款的规定？

3．案例三

被告人甲，女，29岁，原系吉林省长春市蛋禽公司储蓄所储蓄员，因故意伤害他人于1998年11月9日被逮捕。

被害人李某要与乙谈恋爱（乙系甲的妹妹），多次对乙进行纠缠和拦截，遭拒绝后竟进行威胁恐吓，并伺机报复。1998年9月9日20时许，李某携刀强行进入甲的家中，与甲的母亲刘某发生口角并厮打起来。李某扬言：找你算账来了，我今天就挑了乙的脚筋。正在厮打时，乙进屋。李某见到乙后，用脚将其踹倒，拿着水果刀叫喊：不跟我谈恋爱，就挑断你的脚筋。说着就持刀向乙刺去。刘某见李某用刀刺其女乙，便用手电筒打李某的头部，李某又返身同刘某厮打，乙得以逃出门外。此时，被告人甲进入屋内，见李某正用刀刺向其母亲，便上前制止。李某又持刀将甲的右手扎破。刘某用手电筒将李某手中的水果刀打落在地。甲抢刀在手，李某又与甲夺刀、厮打。在厮打过程中，甲刺中李某的胸部和腹部多处。经法医鉴定：李某系右肺、肝脏受锐器刺伤，造成血气胸急性失血性休克死亡。

问：（1）甲的行为属于正当防卫还是防卫过当？

（2）本案中甲的行为如何定性？

4．案例四

2001年3月13日下午，陈某因曾揭发他人违法行为，被两名加害人报复砍伤。陈某在逃跑过程中，两加害人仍不罢休，持刀追赶陈某。途中，陈某多次拦车欲乘车逃走，均遭出租车司机拒载。当两加害人即将追上时，适逢一中年妇女孙某骑摩托车（价值9000元）缓速行驶，陈某当即哀求孙某将自己带走，但也遭拒绝。眼见两加害人已经逼近，情急之下，陈某一手抓住摩托车，一手将孙某推下摩托车（孙某倒地，但未受伤害），骑车逃走。陈某骑车到安全地方（离原地约2公里）停歇一会儿后，才想到摩托车该怎么处理。陈某将摩托车尾部工具箱的锁撬开，发现内有现金3000元和一张未到期的定期存单（面额2万元）。陈某顿生贪欲，将3000元现金和存单据为己有，并将摩托车推至山下摔坏。几日以后，陈某使用伪造的身份证在存单到期之前将存单中的2万元钱取走，后逃往外地。

问：（1）陈某的行为是否属于紧急避险？

（2）陈某的行为如何定罪处罚？

5. 案例五

被告人郑某系某海轮船长。2008 年 11 月，郑某的船由南美载货回国，途经公海时收到台风紧急预报，称该船途经的海面在 24 小时内有 12 级台风。由于船远离陆地，不可能进港，而在原地抛锚或者继续前行、返航均不能避免台风的袭击。郑某为减轻船的负荷，以免船毁人亡，即命令船员将所载货物的 10%（价值十余万元人民币）抛入大海，抛货完毕后继续前行。10 小时后，台风突然转向，该船未遭到台风袭击。

问：(1) 郑某的行为是否属于紧急避险？

(2) 郑某对价值十余万元的损失是否承担责任？

六、故意犯罪的停止形态

（一）案例分析

1. 曹某涉嫌非法持有枪支、弹药案

【基本案情】

被告人曹某，男，1973年5月27日生，原系江西某小学教师。

曹某与熊某原有恋爱关系。2000年4月，二人在广州分手后，曹某曾两次来安徽铜陵找熊某，提出和好并要求熊某与其一起回江西，熊某不愿意。同年11月12日13时许，曹某携带被其锯短枪管、子弹上膛的单管猎枪及四发子弹再次来到铜陵，要求熊某跟其回家。熊某约其朋友郑某、高某、王某等人一起在一台球室与曹某见面，熊某仍表示不愿随曹某回江西。当日傍晚，熊某与郑某等人离开台球室，曹某跟随其后，在见熊某与郑某等人拦出租车欲离开时，曹某阻拦不成，遂掏出猎枪逼迫熊某、郑某下车。郑某下车后趁曹某不备，扑上去抢夺曹某的猎枪。曹某匆忙中对着郑某的小腿内侧的地面扣动扳机，子弹打破了郑某的长裤，并在郑某的左膝内侧留下3mm×5mm的表皮擦伤。后公安人员赶到，将已被郑某等人制服的曹某抓获。

【主要问题】

1. 故意犯罪未完成停止形态存在的范围是什么？
2. 间接故意犯罪是否存在犯罪未遂？
3. 被告人曹某的行为，应如何定罪处罚？

【分析】

根据我国刑法第22条、第23条、第24条的规定，故意犯罪的停止形态只存在于故意犯罪。

直接故意犯罪存在犯罪未完成的停止形态毫无疑义。但并不是说所有的直接故意犯罪都可以存在各种类型的未完成形态，对此应当结合犯罪构成客观要件具体分析。由于刑法对具体犯罪构成客观要件的行为要素、结果要素的要求程度不

同，刑法理论上将犯罪分为举动犯、行为犯、危险犯、结果犯、情节犯等类型。这些不同类型犯罪的未完成形态成立情况并不相同。

第一，举动犯可能成立犯罪预备和犯罪预备阶段的犯罪中止，而没有存在犯罪未遂和实行阶段的犯罪中止的可能。

第二，行为犯因有危害行为未实行完毕的可能，而可能成立未完成形态。行为犯可以成立所有未完成形态类型。

第三，危险犯因有未造成法定的危险状态的可能，而具有成立未完成形态的可能，可能成立所有未完成形态类型。

第四，结果犯是最典型的犯罪完成形态，如果法定的危害结果未发生，就成立未完成形态，可能成立所有未完成形态类型。

第五，情节犯是以法定“情节严重”、“情节恶劣”等作为犯罪构成要件，如果这一要件具备，便成立犯罪；如果这一要件不具备，则不构成犯罪。所以，情节犯不存在未完成形态。

从司法实践中的具体案例来看，并非所有的直接故意犯罪都存在犯罪预备阶段，如突发性直接故意犯罪。如果行为人直接着手犯罪实行行为，就不可能存在犯罪预备和预备阶段的犯罪中止。

间接故意犯罪是否存在未完成停止形态，理论界存在不同的观点，所涉及的主要问题是间接故意犯罪是否存在犯罪未遂，争论的焦点在于间接故意犯罪是否具有犯罪目的以确定犯罪是否“未得逞”，进而决定是否成立犯罪未遂。肯定说认为，行为人实施危害行为所放任的危害结果就是间接故意犯罪的犯罪目的。如果该目的未能实现，就成立间接故意犯罪的未遂。否定说认为，间接故意犯罪没有犯罪目的，因为犯罪目的是行为人希望通过犯罪行为达到危害结果的心理态度，而间接故意犯罪的行为人是放任而非希望危害结果的发生。在间接故意犯罪情形下，行为人对危害结果发生与否都持无所谓的态度，因此，危害结果没有发生并不能认为是犯罪“未得逞”。

笔者同意否定说。第一，犯罪目的表达行为人希望危害结果发生的意志，而间接故意是放任危害结果发生。在放任危害结果发生的情形下，危害结果发生与否都是行为人所容忍的，即使危害结果发生也并非行为人所希望。可见，危害结果没有发生并非犯罪目的未实现。第二，犯罪目的未实现不是认定犯罪未遂的关键，对结果犯而言，是否成立犯罪未遂关键取决于法定的物质性危害结果没有发生是否是由于其意志以外的原因所致。由于间接故意是行为人对危害结果发生与否都持放任的心理态度，当法定的危害结果发生时，无疑成立犯罪既遂；如果没有发生危害结果，也是行为人这种放任心理所包括，是行为人容忍的而不是意志以外的原因所致，无所谓“未得逞”，也就谈不上犯罪未遂。依此推论，间接故意犯罪也不存在犯罪预备和犯罪中止。

值得注意的是，犯罪未完成停止形态是择一的而不是多重的。对于具体案件而言，一旦成立某种类型的犯罪停止形态，就不可能同时成立其他类型的停止形态，也不可能再发展为其他类型的未完成形态或者完成形态。至于一个犯罪行为成立什么类型的停止形态，取决于具体犯罪本身的性质和犯罪过程中各种具体的主观、客观因素。

本案被告人曹某在公共场所开枪的行为是否构成故意杀人罪（未遂）或者故意伤害罪（未遂）存在争议。曹某的行为是否构成故意杀人罪（未遂）或者故意伤害罪（未遂），取决于其行为没有发生死亡或者伤害结果是否由于其意志以外的原因所致。曹某在劝说熊某随其回江西被拒绝，并在阻拦熊某、郑某等人离开不成时，掏出非法携带的猎枪，只是为了吓唬，逼熊某、郑某下车不要离去，而不是为了实施故意杀人或者故意杀害行为。在郑某突然扑上抢夺曹某的猎枪时，曹某匆忙中对着郑某的小腿内侧的地面扣动扳机。该行为具有突发性，是不计后果的行为，在主观上属于间接故意，即明知其行为可能造成他人死亡或者受伤，也可能不发生任何物质性危害结果，对上述任一结果均持放任的心理态度，并非希望发生危害结果或者某一种危害结果。正因为曹某对危害结果发生与否都持放任的心理态度，没有发生他人死亡、伤害的结果也是其放任心理所包含的内容，而不是什么意志以外的原因所致，因此不构成犯罪未遂。

本案被告人曹某非法携带猎枪、弹药进入公共场所并开枪的行为如何认定，也存在争议。一种观点认为，应当认定为非法持有枪支、弹药罪；另一种观点认为，应当认定为非法携带枪支、弹药危及公共安全罪。笔者同意前一种观点。我国刑法第 128 条规定："违反枪支管理规定，非法持有、私藏枪支、弹药的，处三年以下有期徒刑、拘役或者管制；情节严重的，处三年以上七年以下有期徒刑。"2010 年 1 月 1 日施行的《最高人民法院关于审理非法制造、买卖、运输枪支、弹药、爆炸物等刑事案件具体应用法律若干问题的解释》第 5 条第 1 款规定了构成非法持有枪支、弹药罪的五种情形，其中第二项规定的情形为"非法持有、私藏以火药为动力发射枪弹的非军用枪支一支……"曹某不是依法配备、配置枪支、弹药的人员，他违反枪支管理规定，擅自携带猎枪、弹药，其行为构成非法持有枪支、弹药罪。另外，上述司法解释第 5 条第 2 款规定了认定非法持有枪支、弹药"情节严重"的五种情形，即"（一）非法持有、私藏军用枪支二支以上的；（二）非法持有、私藏以火药为动力发射枪弹的非军用枪支二支以上或者以压缩气体等为动力的其他非军用枪支五支以上的；（三）非法持有、私藏军用子弹一百发以上，气枪铅弹五千发以上或者其他非军用子弹一千发以上的；（四）非法持有、私藏手榴弹三枚以上的；（五）达到本条第一款规定的最低数量标准，并具有造成严重后果等其他恶劣情节的"。虽然"进入公共场所并非法开枪"没有明确作为"情节严重"的情形，但笔者认为应属于上述第（五）项规定的"其他恶劣情节"。虽然曹某的行为同时触犯了我国刑法第 130 条规定，构成非法携带枪支、弹药危及公共安全罪，但属于牵连犯，应当择一重罪处断。因此，应认定曹某的行为构成非法持有枪支、弹药罪，并按“情节严重”处刑。

2. 张某、施某某涉嫌强奸案

【基本案情】

被告人张某，男，1980年12月10日生，高中文化程度，无业。

被告人施某某，男，1979年10月25日生，初中文化程度，无业。

2000年5月16日下午，张某纠集施某某、冯某（在逃）等人，强行将被害人曹某（女，20岁）带至事先由施某某租用的某宾馆客房。张某、施某某、冯某等人使用暴力、威胁等手段，强迫曹某脱光衣服站在床铺上，并令其当众洗澡。随后，张某当众对曹某实施了奸淫行为，在发现曹某有月经后停止奸淫（未射精），自行到卫生间冲洗下身。施某某见曹某正在经期，未实施奸淫，而强迫曹某用其他方法使其射精发泄性欲。

一审法院认为，被告人张某、施某某构成强奸罪共同犯罪，张某系主犯，施某某系从犯。二人上诉，张某辩称自己是犯罪未遂；施某某辩称自己尚未实施强奸行为，是犯罪预备。二审法院认定，被告人张某、施某某构成强奸罪共同犯罪，张某系主犯，施某某系从犯。施某某还构成强制猥亵妇女罪。

【主要问题】

1. 犯罪既遂的认定标准是什么？
2. 犯罪既遂与犯罪预备、犯罪未遂的界限是什么？
3. 对被告人张某、施某某的行为应当如何认定？

【分析】

犯罪既遂是故意犯罪的完成形态。我国刑法并没有明确规定何为犯罪既遂。关于犯罪既遂的认定标准，在刑法理论上主要存在三种不同的观点。第一，犯罪结果发生说。该说认为，犯罪既遂是指行为人故意实施犯罪行为造成了法定的犯罪结果的犯罪形态，即以犯罪行为是否发生了法定的犯罪结果为标准，发生了犯罪结果的，是犯罪既遂；否则，是犯罪的未完成形态。第二，犯罪目的实现说。该说认为，犯罪既遂是指行为人故意实施犯罪行为并达到了其犯罪目的的犯罪形态，即以犯罪目的是否得以实现为标准，犯罪目的得以实现的，是犯罪既遂；否则，是犯罪的未完成形态。第三，犯罪构成要件齐备说。该说认为，犯罪既遂是指行为人故意实施的犯罪行为已经完全具备刑法分则条文所规定的犯罪构成要件的犯罪形态，即以是否具有刑法分则条文规定的某种犯罪的全部构成要件（主要指犯罪的客观方面要件）为标准，只要具备了某种犯罪的全部构成要件，就是犯罪既遂；否则，是犯罪的未完成形态。笔者认为，犯罪构成要件齐备说更具科学性。

我国刑法中，总则性规范没有犯罪既遂或者既遂犯的规定，分则性规范则没有犯罪未完成形态的任何规定。这表明刑法分则条文规定的具体犯罪都是以犯罪既遂为模式的，即刑法分则条文规定的犯罪都是犯罪的完成形态，其法定刑就是既遂犯的法定刑。而我国刑法认为犯罪的任何未完成形态都具有可罚性，即对预备犯、未遂犯、中止犯都予以刑罚处罚，并从宽处罚。例如，刑法第 22 条第 2 款规定："对于预备犯，可以比照既遂犯从轻、减轻处罚或者免除处罚。"第 23 条第 2 款规定："对于未遂犯，可以比照既遂犯从轻或者减轻处罚。"这里的"比照既遂犯"从宽处罚，只能是比照刑法分则规定的具体犯罪的法定刑从宽处罚。这进一步证明刑法分则条文规定的具体犯罪只能是以犯罪既遂为模式而不是以犯罪成立为模式的，即刑法分则条文的规定是具体犯罪的既遂形态的标准。① 那么，对直接故意犯罪而言，只要刑法分则条文规定的具体犯罪的客观方面要件齐备，即成立犯罪既遂。

犯罪结果发生说和犯罪目的实现说都难以作为普遍适用于所有犯罪的既遂与否的统一标准。第一，犯罪结果发生与否并不能作为区分所有犯罪的既遂与否的标准。我国刑法中有些犯罪并不以犯罪结果的发生作为犯罪既遂标志，如破坏交通工具罪，破坏火车、汽车、电车、船只、航空器的行为足以使之发生倾覆、毁坏危险，尚未造成严重后果的，就成立犯罪既遂；再如，生产、销售假药罪，只要实行了生产、销售假药的行为即成立犯罪既遂，至于是否对人体健康造成损害并不影响犯罪既遂的成立。在这些犯罪中，尽管犯罪行为本身会导致物质性危害结果的发生，甚至已经发生了物质性危害结果，但是刑法条文没有将这种危害结果规定为犯罪构成客观方面的必要要件，即其构成犯罪既遂并不以危害结果发生为标志。如果发生了物质性危害结果，所发生的危害结果也只是加重法定刑或者从重处罚的情节。还有些犯罪根本就不存在物质性危害结果，如脱逃罪，只要被监管人员逃离羁押即成立犯罪既遂，逃离羁押是犯罪行为的完成而不是物质性危害结果。刑法条文对这些犯罪没有也不可能规定具体的危害结果作为犯罪构成客观方面的必要要件。第二，犯罪目的实现与否也不能作为区分所有犯罪的既遂与否的标准。我国刑法中，有些犯罪，即使行为人并没有实现其犯罪目的，但只要其实施的犯罪行为已完全具备了刑法分则条文规定的犯罪构成要件，便成立了犯罪既遂。例如，以制造火车倾覆事故为目的将铁轨上的道钉拆除的行为，只要足以使火车发生倾覆、毁坏的危险，不论犯罪目的是否实现，都因符合刑法第 117 条的规定，构成破坏交通设施罪的既遂。有些犯罪，虽然刑法分则条文明确规定了犯罪目的，但该法定的犯罪目的只是犯罪构成主观要件的内容，决定是否成立

① 犯罪成立则应以刑法分则条文规定的基本犯罪构成结合刑法总则条文规定的修正的犯罪构成进行判定。

犯罪，而不是作为犯罪既遂的标志。例如，诬告陷害罪，只要行为人实行并完成了捏造事实诬告陷害他人的行为，即成立犯罪既遂，而不需要等到“使他人受到刑事追究”的犯罪目的实现，该犯罪目的只是区分诬告陷害与错告、检举失实，即罪与非罪的界限。

与犯罪结果发生说和犯罪目的实现说不同的是，犯罪构成要件齐备说以已经着手实行的犯罪行为是否具备了法定的犯罪构成要件作为是否构成犯罪既遂的标志，既能够适用于一切不同形态的犯罪并将其既遂与未遂（也包括实行阶段的犯罪中止）区分开来，又为司法实践提供了统一、明确的法律依据。需要指出的是，在具体区分犯罪既遂与未遂的界限时，这里的犯罪构成要件齐备主要考查犯罪客观方面要件是否齐备。这是因为，如果主体不适格、或者没有侵犯法益、或者没有犯罪故意，则不可能成立犯罪，是否为犯罪既遂也就无从谈起。

由于我国刑法对各具体犯罪构成客观要件的行为要素、结果要素的要求程度不同，刑法理论常常将犯罪区分为以下不同的形态，它们的既遂标准各不相同：

第一，结果犯。结果犯，是指故意实施了刑法分则条文规定的犯罪客观方面的危害行为，并发生了法定的危害结果才能成立犯罪既遂的犯罪形态。这里的“法定的危害结果”，必须是刑法分则条文规定的、作为犯罪客观方面要素的物质性危害结果，而且该危害结果所体现的犯罪客体必须与犯罪性质相一致。例如，故意杀人罪的法定危害结果是他人死亡，而不是伤害等其他结果。结果犯的犯罪既遂标准是发生犯罪结果，[①] 如果发生了犯罪结果，就成立犯罪既遂；如果未发生犯罪结果，则成立犯罪的未完成形态。

第二，行为犯。行为犯，是指故意实行并完成刑法分则条文规定的犯罪客观方面的危害行为，就构成犯罪既遂的犯罪形态。行为犯的犯罪既遂以完成法定的犯罪行为为标志，[②] 犯罪行为完成要有一个实行过程并要达到一定程度。如果实行的行为达到了法律要求的程度就是完成了犯罪行为，便成立犯罪既遂；如果未能达到法律要求的程度，则是犯罪的未完成形态。

第三，危险犯。危险犯，是指故意实施的危害行为足以造成刑法分则条文规定的发生某种危害结果的危险状态，就构成犯罪既遂的犯罪形态。危险犯的犯罪既遂以造成法定的客观危险状态为标志。如果造成了法定的客观危险状态，就成立犯罪既遂；如果并未造成法定的客观危险状态，就成立犯罪的未完成形态。

第四，举动犯。举动犯，是指一旦着手故意实行刑法分则条文规定的犯罪客观方面的危害行为即告犯罪完成，构成犯罪既遂的犯罪形态。举动犯的犯罪既遂以着手犯罪实行行为为标志。只要着手实行犯罪的实行行为，就构成犯罪既遂。因而，举动犯在犯罪的实行阶段不存在犯罪未完成问题，但存在犯罪预备形态和

---

① 犯罪结果即法定的危害结果。

② 犯罪行为即刑法分则条文规定的、作为某具体犯罪构成客观要件的危害行为。

预备阶段的犯罪中止形态。

我国刑法第22条第1款规定："为了犯罪，准备工具、制造条件的，是犯罪预备。"犯罪预备具有以下特征：第一，已经开始实施犯罪的预备行为。所谓犯罪的预备行为，就是为了顺利地着手实行并完成犯罪，而实施的为犯罪的实行和完成创造便利条件的行为。第二，尚未着手犯罪的实行行为。也就是说，犯罪活动在具体犯罪实行行为着手以前，尚处于犯罪的预备阶段，并停止下来。第三，未能着手犯罪的实行行为是由于行为人意志以外的原因所致。这里所说的"意志以外的原因"，是指足以阻止行为人着手犯罪的实行行为的各种主客观因素。可见，犯罪既遂与犯罪预备的区别显而易见，犯罪既遂已经完全具备了犯罪构成要件的犯罪的完成形态；犯罪预备则是尚处于犯罪预备阶段的犯罪活动，行为人尚未着手刑法分则条文规定的犯罪构成客观要件的危害行为。

我国刑法第23条第1款规定："已经着手实行犯罪，由于犯罪分子意志以外的原因而未得逞的，是犯罪未遂。"犯罪既遂是犯罪的完成形态，犯罪预备和犯罪未遂是犯罪的未完成形态。犯罪未遂具有如下三个特征：第一，已经着手实行犯罪。即行为人已经开始实行刑法分则条文规定的具体犯罪构成要件中的犯罪行为。"着手实行犯罪"是具体犯罪构成要件的统一，在主观上，行为人具有实行某具体犯罪行为的意志；在客观上，行为人已开始直接实行具体犯罪构成客观方面要件的危害行为，该行为已使刑法所保护的具体权益初步受到危害或面临实际存在的威胁。即行为人的犯罪意志已直接支配其实行危害行为，而后者已经开始充分表现出行为人的犯罪意志。第二，犯罪"未得逞"。即犯罪未完成，也就是说，在着手实行犯罪行为以后，尚未完成犯罪便停止下来。这是犯罪未遂与犯罪既遂的关键界限。第三，犯罪未得逞是由于犯罪分子意志以外的原因。所谓"犯罪分子意志以外的原因"，应该是足以阻碍犯罪分子实行和完成犯罪的意志和活动的各种主客观因素，即未完成犯罪是违背犯罪分子本意的。据此，区分犯罪既遂与未遂的关键就是已经着手实行的犯罪是否"得逞"，即法定的犯罪构成客观要件是否齐备。如果齐备即"得逞"，就是犯罪既遂；如果不齐备就是未"得逞"，构成犯罪未遂。

犯罪既遂是犯罪的完成形态，犯罪未遂与犯罪预备都是未完成形态。区分的关键在于犯罪是否完成，即是否具备了刑法分则条文具体规定的全部犯罪构成要件。犯罪既遂形态的行为人在主观上具有实施并完成犯罪的意图；在客观上实施并完成了犯罪行为，达到法定的犯罪完成的标准。客观上实施的犯罪完全、充分地表现了行为人的犯罪意图，从而达到主观、客观相统一的完成犯罪。犯罪未遂形态的行为人在主观上具有实施并完成犯罪的意图，但在着手实行犯罪以后，由于其意志以外原因的阻碍，使其犯罪意图未能全部展开，客观上的犯罪行为在未完成的情况下便停止。[①] 犯罪预备形态的行为人在主观上具有犯罪意图，客观上实施了为犯罪创造便利条件的行为。但在其着手实行犯罪之前，由于其意志以外原因的阻碍，使其犯罪意图并未得以展开，在客观上其行为在犯罪预备阶段便停止。

犯罪未遂与犯罪预备都是由于犯罪人意志以外的原因导致的犯罪未完成形态。二者区分的关键在于所处的犯罪阶段不同。犯罪未遂存在于犯罪的实行阶段，即在着手犯罪实行行为以后尚未齐备犯罪构成的客观要件之前，是犯罪实行阶段的未完成形态；犯罪预备存在于犯罪的预备阶段，即在实施了犯罪预备行为以后尚未着手犯罪实行行为之前，是犯罪预备阶段的未完成形态。具体来说，需要明确以下问题：

第一，何为“着手”？“着手”是犯罪的预备阶段与实行阶段的分水岭，是实行阶段的起始点，[②] 也是犯罪预备与犯罪未遂的界限之一。我国刑法理论通说认为，着手犯罪的实行行为是指行为人已经开始实施刑法分则条文规定的具体犯罪的实行行为。[③] 着手犯罪的实行行为应当理解为具体犯罪构成要件的统一。主观上，具体犯罪的实行行为是在特定的犯罪意志直接支配下实施的，着手的实行行为必须充分体现行为人的犯罪意图。而不同于此前的预备犯为犯罪做准备的意图；客观上，行为人已经开始实行刑法分则条文规定的作为犯罪构成客观要件的危害行为，且该行为已使刑法所保护的具体法益受到初步危害或者直接面临紧迫的危险。这种行为已不再属于为实施犯罪准备工具、创造便利条件的性质，而是直接充分体现着具体犯罪意图的实行行为的性质，也直接侵犯了犯罪的直接客体。如果没有行为人意志以外的原因迫使其停止犯罪或者不是行为人自动放弃犯罪，这种行为就会继续进行直到完成犯罪，即成立犯罪既遂。有学者认为，犯罪实行行为的“着手”实际上是指开始实施可以直接导致危害结果发生的行为。[④] 笔者认为这种观点过于狭隘，因为并非所有犯罪实行行为都会直接导致危害结果发生。其实，我国刑法分则中有一部分犯罪实行行为是由手段行为和目的行为构成的。手段行为为目的行为服务并不直接导致危害结果发生，导致危害结果发生的是目的行为。例如，我国刑法第 202 条规定：“以暴力、威胁方法拒不缴纳税款的……”也就是说，抗税罪的实行行为是由手段行为（暴力、胁迫行为）和目的行为（拒不缴纳税款的行为）构成的。但是，行为人开始实施暴力、胁迫行为并不会直接导致国家无法收缴税款的结果。如果按照此种观点，该手段行为不属于实行行为而属于犯罪预备行为，这显然有悖法律。况且有些犯罪并不存在危害结

① 这里的“犯罪行为未完成的情况”是指行为人所实施的犯罪行为没有达到法定的犯罪完成的标准。具体以刑法分则条文规定的某具体犯罪构成要件为标准。可能是犯罪行为未能完成，也可能是犯罪结果或者法定的危险状态未发生等。

② 值得注意的是，“着手”是犯罪实行行为的开始，而不是犯罪预备行为的终止。

③ 马克昌主编：《犯罪通论》，武汉大学出版社 1999 年版，第 439 页。

④ 张明楷：《再探犯罪未遂的特征》，载《中南政法学院学报》1989 年第 4 期。

果，即使对存在危害结果的犯罪而言，犯罪实行行为的“着手”与发生危害结果还有“距离”，发生危害结果也仅仅是“可能性”，而且对于由于犯罪工具认识错误而导致的实行行为不能犯，连发生危害结果的“可能性”都没有。所以，“可以直接导致危害结果发生”难以客观、准确地把握，更难以作为认定犯罪实行行为的“着手”的标准。

第二，如何认定犯罪的实行行为？所谓犯罪的实行行为，就是刑法分则条文规定的，作为具体犯罪构成客观要件的危害行为。具体认定时应当把握两点：首先，犯罪的实行行为只能由刑法分则所规定。有观点认为，犯罪的实行行为不仅可以为刑法分则所规定，还应包括刑法总则所规定的行为，如教唆犯等。笔者不赞同这种观点。无疑，刑法总则规定的教唆犯、预备犯等都是具备了完整的犯罪构成要件的犯罪形态，但这类犯罪构成并非基本犯罪构成，而是属于修正的犯罪构成，是根据不同的犯罪形态对基本犯罪构成中个别要件的具体要求进行变更或者修正而形成的。包括预备犯、中止犯、未遂犯等故意犯罪未完成形态的犯罪构成，以及主犯（主要指组织犯）、从犯（主要指帮助犯）、胁从犯、教唆犯等共同犯罪人的犯罪构成。刑法总则规定的预备行为、未遂行为、组织行为、教唆行为、帮助行为等当然属于犯罪构成客观要件的行为，但这类行为都是依附于刑法分则规定的作为具体犯罪构成客观要件的危害行为而存在的，如果没有刑法分则条文规定的危害行为，其犯罪性就无从谈起。例如，为了实施故意杀人罪而购买菜刀作为犯罪工具，购买菜刀的行为如果不与故意杀人行为联系起来，是无法认定为故意杀人罪的预备行为的；又如，与盗窃犯事前通谋运送盗窃所得货物的行为，为他人运送货物的行为，如果不与他人的盗窃行为相联系，也无法认定为盗窃罪共犯中的帮助行为。所以，这些刑法总则规定的行为都不能理解为犯罪的实行行为。其次，犯罪的实行行为应当以刑法分则条文规定的罪状为限。罪状所表述的行为就是犯罪的实行行为。多数实行行为与日常社会生活中所用的“行为”的含义相同，表现为人的积极的身体动作（举动），一个身体动作就是一个行为。但作为行为规范的刑法具有规定的特殊性，其特殊性表现为：有些犯罪的实行行为表现为消极的不作为，如我国刑法第270条规定的“将代为保管的他人财物非法占为己有……拒不退还的”，是侵占罪的实行行为。还有些犯罪的实行行为具有复合性，多表现为手段行为与目的行为的结合，如我国刑法第263条规定的“以暴力、胁迫或者其他方法抢劫公私财物的”，是抢劫罪的实行行为，该行为就是由手段行为（暴力、胁迫或者其他方法）与目的行为（劫取公私财物）构成的。

第三，如何认定“犯罪未完成”？犯罪是否完成，即行为人的犯罪行为是否具备了刑法分则条文规定的全部客观要件，是区分犯罪既遂与犯罪未完成的各种停止形态尤其犯罪未遂形态的重要标志。具体认定时应把握以下方面：首先，确定犯罪所属类型，结合刑法分则条文的具体规定确定犯罪构成要件完备的标志。如果属于情节犯,[①] 就不存在犯罪未完成形态；如果属于举动犯，则不存在犯罪未遂形态，但存在犯罪预备形态和犯罪预备阶段的犯罪中止形态。举动犯是以着手犯罪实行行为为具体犯罪构成要件完备的标志；如果是结果犯、行为犯或者危险犯，则存在各种犯罪未完成形态。结果犯以发生犯罪结果为具体犯罪构成要件完备的标志，且该犯罪结果必须是全面、充分地反映犯罪人的犯罪意图并直接体现犯罪性质的，如故意杀人罪的犯罪结果是被害人死亡，而不是造成的被害人伤害的结果。行为犯以完成犯罪行为为具体犯罪构成要件完备的标志。危险犯以造成法定的危险状态为具体犯罪构成要件完备的标志。其次，根据刑法分则条文的具体规定和具体的犯罪行为、犯罪对象等特征，确定某一种犯罪构成要件完备的具体标志。结果犯的构成要件完备的标志是发生犯罪结果，不同的具体犯罪的构成要件完备的具体标志却有所不同：故意伤害罪以造成被害人轻伤以上的伤害为发生犯罪结果的具体标志；盗窃罪以非法占有公私财物为发生犯罪结果的具体标志；而抢劫罪则以造成被害人轻伤以上的伤害或者非法占有公私财物为发生犯罪结果的具体标志。行为犯的构成要件完备的标志是完成犯罪行为，不同的具体犯罪的构成要件完备的具体标志也有所不同：脱逃罪以逃离羁押场所为完成犯罪行为的具体标志；以幼女为犯罪对象的强奸罪则以犯罪人与被害幼女之间的性器官接触为完成犯罪行为的具体标志。危险犯的构成要件完备的标志是造成法定的危险状态，不同的具体犯罪的构成要件完备的具体标志也有所不同：投放危险物质罪是以概括的危害公共安全的危险为具体标志；生产、销售不符合食品安全标准的食品罪则以造成严重食物中毒事故或者其他严重食源性疾病的具体危险为具体标志。

本案被告人张某伙同施某某等人，使用暴力、威胁等手段，强行奸淫被害人曹某，二人构成强奸罪的共同犯罪。[②] 但是属于何种犯罪的停止形态存在争议。

强奸罪是行为犯，其实行行为是以暴力、胁迫或者其他手段强奸妇女的行为。行为人着手实施暴力、胁迫或者其他手段行为就是着手强奸罪的实行行为，以行为人的性器官插入被害妇女的性器官为犯罪行为完成的标志，即完全具备了强奸罪的构成要件，从而成立犯罪既遂。

被告人张某虽然在对被害人实施强行奸淫的过程中发现被害人有月经后未射精便停止奸淫，但是强奸行为已经完成。因此，张某构成强奸罪既遂。被告人施某某在张某的纠集下，与张某等人基于奸淫的目的，共同将被害人挟持到宾馆并

① 情节犯，是指故意实行刑法分则条文规定的犯罪客观方面的危害行为，并具备法定的犯罪情节，即成立犯罪。情节犯是我国刑法中特有的犯罪形态，以法定“情节严重”、“情节恶劣”等作为犯罪构成要件，如果这一要件具备，便成立犯罪；如果这一要件不具备，则不构成犯罪。所以，情节犯不存在未完成形态。

② 我国刑法第 236 条第 1 款规定：“以暴力、胁迫或者其他手段强奸妇女的，处三年以上十年以下有期徒刑。”

共同对被害人实施暴力、威胁行为，表明施某某参与了共同强奸被害人的犯罪行为，而且已经着手强奸的实行行为，因此已经处于犯罪的实行阶段，因而不可能构成犯罪预备。就施某某个人的行为来看，虽然施某某放弃了实施奸淫行为，但并不是基于放弃犯罪意图而自动放弃犯罪，而是基于被害人有月经在身的特殊情况，不得不停止实施奸淫行为，属于其意志以外的原因所致。因此，其行为属于强奸未遂形态。但是，因其与张某等人基于强奸的共同故意，并帮助张某实施并完成了强奸行为，因此，应认定为强奸罪共同犯罪的既遂形态。由于其在共同强奸犯罪过程中所起的作用较小，应认定为从犯。

另外，施某某在看到被害人有月经在身的特殊情况后，将奸淫的故意转变为猥亵的故意，并强迫被害人用其他方法使其射精发泄性欲，该行为已经构成强制猥亵妇女罪。

3. 秦某、顾某涉嫌销售假冒注册商标的商品案

【基本案情】

被告人秦某，女，29 岁，个体经营户。

被告人顾某，男，30 岁，系秦某丈夫，个体经营户。

顾某、秦某夫妻二人在上海从事个体经营。2009 年 11 月，他们向陆先生租得虹梅路上海虹桥国际珍珠城一楼的一个商铺，并借用陆先生的个体工商户营业执照进行经营活动。2011 年 1 月 26 日，公安机关在接到他们销售假冒名牌皮包等商品的举报后，便对其商铺进行检查。当场从商铺的暗室内查获藏匿待销售的假冒 LV、CHANEL、GUCCI 商标的皮包、票夹等商品 185 件。公安人员当场将秦某带至公安机关进行调查。同日，顾某经公安机关电话通知，主动至公安机关投案，并作了如实供述。

经鉴定，所查获的商品均系假冒注册商标的商品，市场价值 86.8 万余元。

审理过程中，辩护人认为被告人秦某、顾某为了销售而购买、储存假冒 LV、CHANEL、GUCCI 商标的皮包、票夹等，尚未着手销售行为，应以犯罪预备论。法院认为，被告人秦某、顾某已经着手实行犯罪，其销售行为由于意志以外的原因而未得逞，属犯罪未遂。

【主要问题】

1. 犯罪预备与犯罪未遂的界限。
2. 如何正确认定犯罪预备行为与犯罪实行行为？
3. 对被告人秦某、顾某的行为应当如何认定？

【分析】

我国刑法第 22 条规定："为了犯罪，准备工具、制造条件的，是犯罪预备。"

根据该规定和我国刑法相关理论，犯罪预备，是指犯罪人为实施犯罪而实施创造犯罪条件的行为，由于其意志以外的原因而未能着手犯罪实行行为的犯罪停止形态。犯罪预备具有以下三个特征：第一，已经开始实施犯罪预备行为。犯罪的预备行为，就是为了顺利地着手实行并完成犯罪，而实施的为犯罪的实行和完成创造便利条件的行为。第二，尚未着手犯罪实行行为便停止下来。第三，未能着手实行犯罪实行行为是由于犯罪人意志以外的原因所致。我国刑法第 23 条规定："已经着手实行犯罪，由于犯罪分子意志以外的原因而未得逞的，是犯罪未遂。"根据该规定和我国刑法相关理论，犯罪未遂，是指行为人已经着手实行具体犯罪构成的实行行为，由于其意志以外的原因而未能完成犯罪的一种犯罪停止形态。犯罪未遂具有如下三个特征：第一，已经着手实行犯罪；第二，犯罪尚未完成而停止下来；第三，犯罪未完成是由于犯罪分子意志以外的原因所致。可见，犯罪预备与犯罪未遂都是由于犯罪人意志以外的原因而不得不停止继续犯罪的故意犯罪停止形态，二者区分的关键在于所处的犯罪阶段不同。犯罪未遂存在于犯罪的实行阶段，犯罪预备存在于犯罪的预备阶段。而确定所处的犯罪阶段的关键在于是否已经着手犯罪实行行为。

我国刑法理论将故意犯罪过程划分为犯罪预备阶段与犯罪实行阶段，二者前后相继、紧密相连。在具体的故意犯罪发展过程中，犯罪预备行为与犯罪实行行为也是前后相继、紧密相连的。但其本质、表现形式和作用却是不同的。犯罪预备行为是由刑法总则性规范概括地规定的，是为了实行和完成犯罪创造便利条件的行为，表现为准备犯罪工具、制造犯罪条件，其作用在于为完成犯罪创造现实的可能性。而犯罪事实行为是由刑法分则性规范具体地规定的，是直接实行进而完成犯罪的行为，表现为刑法分则条文规定的作为犯罪构成客观要件的危害行为，其作用在于将预备行为创造的完成犯罪的现实可能性转变为现实性，直接侵犯刑法所保护的具体法益。同时，行为人主观内容也有所不同，为完成犯罪创造便利条件的意图所支配的是犯罪预备行为，完成犯罪（或者实现犯罪目的）的意图所支配的是犯罪事实行为。二者的这种区别为正确认定和区分犯罪预备行为与犯罪事实行为提供了标准。

在司法实践中，由于犯罪现象的复杂，区分犯罪预备行为与犯罪实行行为也并非易事。尤其是为犯罪制造条件的预备行为与着手犯罪事实行为极易混淆。概括地讲，犯罪预备行为是基于便利犯罪的目的实施的，为进一步实行和完成犯罪创造有利条件的行为。该行为并未直接侵犯到行为人所准备的犯罪的直接客体，如为了实施故意杀人而入室的行为；[①] 甚至没有侵犯刑法所保护的任何法益，如为了实施抢劫而尾随或者守候被害人的行为。[②] 如果不与所准备的犯罪相联系，往往难以确定其行为性质。犯罪实行行为以刑法分则条文规定的罪状为限，主观上，具有直接支配具体犯罪的实行行为的特定犯罪意志，着手的实行行为必须充分体现行为人的犯罪意图（犯罪目的），而不同于此前的预备犯为犯罪做准备的意图；客观上，行为人已经开始实行刑法分则条文规定的作为犯罪构成客观要件的危害行为，且该行为已使刑法所保护的具体法益受到初步危害或者直接面临紧迫的危险，即“着手”既直接充分体现着具体犯罪意图，表现实行行为的性质，也直接侵犯了犯罪的直接客体。如果没有行为人意志以外的原因迫使其停止犯罪或者不是行为人自动放弃犯罪，这种行为就会继续进行直到完成犯罪，即成立犯罪既遂。

本案被告人秦某、顾某是犯罪预备还是犯罪未遂，关键问题是他们是否已经着手实行销售假冒注册商标的商品罪的实行行为。如果认定秦某、顾某已经着手实行销售假冒注册商标的商品罪的实行行为，本案应认定为销售假冒注册商标的商品罪的犯罪未遂；如果认定秦某、顾某尚未着手实行销售假冒注册商标的商品罪的实行行为，则应认定为销售假冒注册商标的商品罪的犯罪预备。

我国刑法第 214 条规定：“销售明知是假冒注册商标的商品，销售金额数额较大的，处三年以下有期徒刑或者拘役，并处或者单处罚金；销售金额数额巨大的，处三年以上七年以下有期徒刑，并处罚金。”该条文规定的罪状是“销售明知是假冒注册商标的商品”，即“销售”为销售假冒注册商标的商品罪的实行行为。本案被告人秦某、顾某为了销售而购买并藏匿了假冒 LV、CHANEL、GUCCI 商标的皮包、票夹等商品。那么，如何理解“销售”直接决定着本案被告人是否着手犯罪实行行为。

按一般词义理解，“销售”是指卖出（货物）。[③] 笔者认为，“销售”一词在刑法中也应为卖出。理由如下：第一，虽然在刑法范畴使用为法律术语，但其含义应为社会大众所公认的一般语义，如果是多义词的术语方需通过论理解释的方法在其多种含义中进行符合立法精神的选择。在罪刑法定原则之下的刑法，必须具体、明确地规定行为标准，使人们对自己的行为性质及其法律后果有所预见，才有可能使人们的行为符合它的预期。第二，纵观我国刑法规范，涉及买卖行为的，含义包括买入和卖出的术语有：一是“倒卖”、“贩卖”，如倒卖文物、贩卖

---

① “入室行为”对于非法侵入住宅罪而言可能是实行行为。但在入室杀人案件中，入室并不是犯罪实行行为的着手，而只是为实施故意杀人行为创造便利条件。故意杀人罪是非法剥夺他人生命的行为，其直接客体是他人的生命权，入室行为并不能侵犯他人的生命权。所以，这种“入室行为”只是故意杀人罪的预备行为。

② 单纯就尾随或者守候他人的行为来讲，很难认定其侵犯了何种法益。

③《现代汉语词典》，商务印书馆 1988 年版，第 1264 页。

毒品，意指行为人买进后再卖出从中非法牟利的行为。这种情形下，行为人着手买入行为便为着手犯罪实行行为。二是“买卖”，如非法买卖枪支，包括买入者的买入行为和卖出者的卖出行为。而“销售”的使用则表明其含义仅指卖出，却不包含买入。例如，我国刑法第126条第3项规定的“非法销售枪支或者在境内销售为出口制造的枪支的”，意为卖出；再如，刑法第312条规定的“明知是犯罪所得及其产生的收益而予以窝藏、转移、收购、代为销售或者以其他方法掩饰、隐瞒的”①，将收购与销售并列规定，更是说明销售仅指卖出。在同一部刑法中，同一术语的含义应当相同。因此，在“销售明知是假冒注册商标的商品”中，“销售”之应有之义为卖出。第三，根据2004年12月22日最高人民法院、最高人民检察院《关于办理侵犯知识产权刑事案件具体应用法律若干问题的解释》第9条的规定，“销售金额”，是指销售假冒注册商标的商品后所得和应得的全部违法收入，也进一步说明，销售是指卖出，而不包括买入。第四，为了销售而买入、藏匿假冒注册商标的商品的行为，并未直接侵犯销售假冒注册商标的商品罪的犯罪客体，即没有直接侵犯他人注册商品的专用权。因此，为了销售而买入、藏匿假冒注册商标的商品的行为并非着手销售假冒注册商标的商品罪的实行行为，而属于其预备行为。

综上分析，本案被告人秦某、顾某违反商标管理法规，为了销售而藏匿假冒注册商标的商品，待销售商品数额巨大，其行为均已构成销售假冒注册商标的商品罪，应依法承担相应的刑事责任，且属共同犯罪。二人由于意志以外的原因而未能着手实行销售行为，属犯罪预备，可以比照既遂犯从轻、减轻或者免除处罚。顾某犯罪后能自动投案，如实供述犯罪事实，系自首，可以从轻或者减轻处罚。其中，犯罪较轻的，可以免除处罚。

4. 王某某、邵某某涉嫌抢劫、故意杀人案

【基本案情】

被告人王某某，男，32岁，农民。

被告人邵某某，男，30岁，农民。

2002年6月6日，王某某纠集邵某某预谋实施抢劫。当日11时许，二人携带事先准备好的橡胶锤、绳子等作案工具，骗租杨某某（女，29岁）驾驶的松花江牌小型客车。当车行至某偏僻路段时，在王某某的示意下，邵某某用橡胶锤猛击杨某某头部数下，王某某用手猛掐杨某某的颈部，致其昏迷。二人共抢得杨某某驾驶的汽车、手机及现金等物品，共计价值人民币42000余元。

王某某和邵某某害怕事情败露，遂商议趁杨某某昏迷用挖坑掩埋的方法将其

① 《刑法修正案（六）》第19条。

杀死灭口。杨某某佯装昏迷，趁王某某寻找挖坑工具离开现场之机，哀求邵某某放其逃走。邵某某表示同意，并告知掩埋时将杨某某的脸朝下，挖浅坑、少埋土。王某某返回后，邵某某未将杨某某已苏醒的情况告之。当日23时许，二人将杨某某运至一座山的土水渠处。邵某某向王某某说自己一个人埋即可，让王某某休息。于是，邵某某按与杨某某的约定挖了一个浅坑将杨某某脸朝下掩埋。在王某某、邵某某离开后，杨某某爬出土坑获救。经鉴定，杨某某的伤势为轻伤。

【主要问题】

1. 犯罪未遂与犯罪中止的界限是什么？

2. 如何认定共同犯罪的未完成形态？

3. 对本案被告人王某某、邵某某的行为应当如何定罪处刑？

【分析】

我国刑法理论上，根据不同的标准对犯罪未遂划分了不同的类型。一是以犯罪实行行为是否实行终了为标准，把犯罪未遂形态区分为实行终了的未遂与未实行终了的未遂。实行终了的未遂，是指犯罪人自认为已经实施完毕完成犯罪所必须的犯罪行为，由于意志以外的原因，犯罪没有得逞的情形。例如，犯罪人将被害人砍倒在地，认为其已死亡便离去，但被害人遇救幸存的情况。未实行终了的未遂，是指犯罪人在实施犯罪行为的过程中，由于意志以外的原因而未能实行下去，致犯罪没有得逞的情形。例如，盗窃犯正在室内盗窃时被回来的事主当场抓获。二是以行为的实行能否构成犯罪既遂为标准，把犯罪未遂形态划分为能犯的未遂与不能犯的未遂。能犯的未遂，是指犯罪人实行犯罪行为有实际可能完成犯罪，但由于行为人意志以外的原因未能完成犯罪而停止下来的情况。例如，犯罪人用刀杀人，被人当场夺走刀子并将其制服。不能犯的未遂，是指犯罪人因认识错误而使其实行行为不可能完成犯罪的情况。不能犯未遂又可分为工具不能犯未遂与对象不能犯未遂。所谓工具不能犯未遂，是指犯罪人由于认识错误而使用了按其客观性质不能实现行为人犯罪意图、不能构成既遂的犯罪工具，以致犯罪未遂。例如，误把白糖等无毒物当做砒霜去杀人。所谓对象不能犯未遂，是指由于行为人的错误认识，使得犯罪行为所指向的犯罪对象在行为时不在犯罪行为的有效作用范围内，或者具有某种属性而使得犯罪不能既遂，只能未遂。例如，误认尸体为活人而开枪射杀。

我国刑法第24条第1款规定：“在犯罪过程中，自动放弃犯罪或者自动有效地防止犯罪结果发生的，是犯罪中止。”根据该规定和我国刑法相关理论，犯罪中止，是指犯罪人在犯罪过程中，自动放弃犯罪或者有效地防止犯罪结果发生，从而未完成犯罪的一种犯罪停止形态。犯罪中止具有以下特征：第一，发生在犯罪过程中，包括犯罪预备阶段或犯罪实行阶段。第二，犯罪人自动停止犯罪。即犯罪人出于本人的意志而放弃了自认为当时本可继续实行并能够完成的犯罪或者自动地防止犯罪结果发生。也就是说，停止犯罪行为的实行或者防止犯罪结果的发生是符合犯罪人主观意愿而非被迫的。第三，犯罪人停止具有彻底性和有效性。所谓“彻底性”，是指犯罪人彻底放弃了原来的（预备实行的或者正在实行的）犯罪。所谓“有效性”，是指在犯罪人放弃犯罪行为或者防止犯罪结果的发生必须达到避免犯罪结果实际发生的效果。具备上述三个特征即成立犯罪中止。

另外，应当注意以下两个问题：一是犯罪人自动放弃重复侵害行为并有效防止了危害结果发生，构成犯罪中止。二是已经造成法定危险状态后采取积极行动避免物质性危害结果发生的行为是否属于犯罪中止？对此存在否定说与肯定说两种观点。否定说认为不成立犯罪中止，因为造成法定危险状态已经成立犯罪既遂，这种情形下便不能再成立犯罪中止。肯定说认为成立犯罪中止，但不是危险犯的中止，而是实害犯的中止。笔者认为，从犯罪构成的角度看，已经引起法定危险状态的行为应为危险犯，如果该行为进一步发展造成了物质性危害结果则属于加重结果犯。从我国刑法的规定来看，对危险犯及其加重结果犯分别规定了相应的法定刑。而且加重结果犯是存在未完成形态的，因此这样的行为具有犯罪中止的性质。造成法定危险状态的，已经成立了危险犯的犯罪既遂，因而不可能成立犯罪中止。在造成法定危险状态后采取积极行动避免物质性危害结果发生，即行为人自动、有效地防止了加重结果的发生，则应当成立加重结果犯的犯罪中止。

犯罪未遂与犯罪中止的首要区别在于存在的犯罪阶段的不同。犯罪未遂只能存在于犯罪的实行阶段，而犯罪中止则可以存在于犯罪的预备阶段或者犯罪的实行阶段。第二个区别也是关键的区别在于阻止犯罪完成即达到既遂状态的原因不同。犯罪未遂是由于犯罪人意志以外的原因导致犯罪未完成，即未完成犯罪是违背犯罪人本意的，是由于出现了足以阻止犯罪意志并进而阻碍其实行和完成犯罪活动的各种主客观因素，主要包括三类因素：一是犯罪人本人以外的对完成犯罪不利的因素，如被害人的反抗、环境时机不成熟等；二是行为人自身方面对完成犯罪有不利影响的因素，如其身体状况不佳、常识技巧等的缺乏；三是行为人的认识错误。而犯罪中止则是由于犯罪人自动放弃犯罪或者自动有效地防止犯罪结果发生而致使犯罪未完成，即未完成犯罪是出于犯罪人本人的意愿，是犯罪人在放弃犯罪的意志支配下主动放弃犯罪的。也就是说，犯罪人未完成犯罪是具有“被迫性”还是具有“自动性”是区分犯罪未遂和犯罪中止的关键。犯罪未遂表现为犯罪人停止犯罪具有“被迫性”，是犯罪人愿为而不能为，即犯罪人自认为存在足以阻止其完成犯罪的因素而不得不停止继续实行犯罪；犯罪中止则表现为犯罪人放弃犯罪具有“自动性”，是犯罪人能为而不愿为，即犯罪人自认为可以继续实行犯罪却出于其主观意愿主动放弃犯罪。

我国刑法第25条第1款规定：“共同犯罪是指二人以上共同故意犯罪。”在共同犯罪的情形下，也存在犯罪的未完成形态。这里着重分析共同犯罪的犯罪未遂和共同犯罪的犯罪中止。

在共同犯罪的犯罪未遂中同样具有三个基本特征：

第一，已经着手实行犯罪。在简单的共同犯罪情形下，每个共同犯罪人都是实行犯，只要一个共同犯罪人着手实行了犯罪行为，就认为共同犯罪行为已经着手，即每个共同犯罪人都着手实行了犯罪。这是因为，共同犯罪行为是由每个共同犯罪人的行为组成的一个有机整体，是法律上的一个危害行为。每个共同犯罪人的行为是其自己实行的危害行为，也因与其他共同犯罪人之间的连带关系而关系着甚至决定着共同犯罪行为的进程。在复杂的共同犯罪情形下，共同犯罪人可能存在教唆犯、组织犯、帮助犯与实行犯之分。而教唆犯、组织犯、帮助犯都是非实行犯，其“着手”具有其特点。就教唆犯的着手而言，我国刑法理论中存在两种观点：一是共犯从属性说。该说认为，教唆犯的刑事责任和犯罪形态都从属并决定于实行犯，其着手应以实行犯的着手为标志；二是共犯独立性说。该说认为，教唆犯的刑事责任和犯罪形态都应具有独立性，无论实行犯的实行行为是否着手，只要开始实施教唆行为，就视为教唆犯着手。但是，从刑事立法来看，我国共同犯罪采取非实行犯的从属性与独立性相统一的原则。据此原则，教唆犯以开始实施教唆行为为着手标志，组织犯以开始实施犯罪的策划、指挥行为或者开始建立犯罪集团为着手标志，而帮助犯则以开始实施帮助行为为着手标志。但是，由于刑法分则条文规定的作为具体犯罪构成客观要件的危害行为是犯罪实行行为的定型，即明确化，这是罪刑法定原则的基本要求。教唆行为、组织行为和帮助行为都不是犯罪的实行行为，这些行为与实行行为同样都是共同犯罪行为的一部分，而且是通过实行行为来具体实行进而完成犯罪的。如果这些行为不与犯罪实行行为相结合，就无从认定其犯罪性。所以，无论如何，这些行为都是存在于共同犯罪中的，受共同犯罪的制约。例如，被教唆的人没有犯被教唆的罪，虽然教唆犯成立，而教唆犯与被教唆的人不成立共同犯罪，但这也只能存在于共同犯罪的框架之下，而不是与共同犯罪无关的犯罪。从这些行为在共同犯罪中的性质和作用来看，教唆行为和组织行为都是共同犯罪的预备行为。帮助行为则存在两种情况：如果是为犯罪创造便利条件的帮助行为，是共同犯罪的预备行为；如果是在实行行为中起辅助作用、处于从属地位的帮助行为，则是共同犯罪的实行行为的组成部分。

第二，犯罪未得逞，即犯罪未完成。由于在共同犯罪情况下，共同犯罪行为是由各共同犯罪人在同一个共同犯罪故意的支配下实施的相互联系、相互促进的行为所组成的有机整体，每个共同犯罪人的行为不仅是自己的行为，更是共同犯罪行为的组成部分，对其他共同犯罪人的行为的实行和完成都具有原因力的作用。在存在危害结果的场合，每个共同犯罪人的行为都是危害结果发生的原因力。因此，只要其中一个共同犯罪人的行为达到既遂状态，共同犯罪就成立犯罪既遂，其他共同犯罪人也都成立犯罪既遂。但有观点认为，在特殊情况下，共同犯罪中可能有既遂与未遂并存的现象。对于“特殊情况”又有两种不同的解释：一种认为对亲手犯的共同实行来说，如果有人完成了犯罪，有人未完成犯罪，就应区别对待，分别认定为犯罪既遂和犯罪未遂；另一种认为由于行为犯以犯罪行为完成为既遂标志，而各共同实行犯在犯罪既遂与犯罪未遂上表现出各自的独立性，一个实行犯的未遂或既遂并不标志其他实行犯也是未遂或既遂，所以，可能出现既遂与未遂并存的现象。① 这种观点虽然有一定的可取之处，但无论以“亲手犯”还是“行为犯”来说明“特殊情况”的内涵都有不妥之处。亲手犯不是我国刑法和刑法理论中的概念。行为犯也难以全面概括。例如，甲、乙二人共同实施抢劫，由甲向被害人实施暴力行为，乙趁被害人与甲抵抗之机劫取其财物。这里甲只实施了抢劫罪的手段行为，并未完成抢劫行为，乙劫取了财物，按照该观点，该案中甲为抢劫未遂，乙为抢劫既遂。这显然不符合共同犯罪理论，也不符合故意犯罪停止形态理论。笔者认为，只有共同犯罪人个人行为的独立性突出的行为犯，才可能出现既遂与未遂共存的情况。例如，丙、丁二人以共同轮奸为故意，共同实施强奸犯罪，丙实施并完成了强奸，而丁则因早泄未能完成强奸，这种情形下丙、丁分别成立强奸罪既遂与强奸罪未遂。

第三，犯罪停止在未完成形态是由于犯罪人意志以外的原因。即未完成犯罪违背犯罪人本意的，是由于出现了足以阻止犯罪意志并进而阻碍其实行和完成犯罪活动的各种主客观因素，主要包括三类因素：（1）犯罪人本人以外的对完成犯罪不利的因素，如被害人的反抗、环境时机不成熟等；（2）行为人自身方面对完成犯罪有不利影响的因素，如其身体状况不佳、常识技巧的缺乏等；（3）行为人的认识错误。在共同犯罪中，还存在其他共同犯罪人中止犯罪的情况。

在共同犯罪达到完成形态之前，全体共同犯罪人共同中止了犯罪，有效地防止了犯罪结果发生的，成立共同犯罪的犯罪中止，各共同犯罪人都成立犯罪中止。但是，如果共同犯罪中个别共同犯罪人单独自动放弃犯罪的，是否能够成立犯罪中止或者在什么条件下成立犯罪中止？刑法理论界存在不同的观点。共同犯罪的犯罪中止同样应当具备三个基本特征，即必须发生在犯罪过程中的时空性；具有自动性；具有彻底性和有效性。与单独犯罪相比，共同犯罪的犯罪中止时空性、自动性并没有什么特殊性，理论界也没有争论，但是就彻底性和有效性则存在较大的争议。在单独犯罪的场合，犯罪人只要保证自己的行为未完成犯罪或者未发生犯罪结果，就符合了彻底性和有效性。即犯罪人在实行犯罪过程中，如果自动放弃自己尚未实行终了的犯罪行为，也就直接体现出彻底性和有效性；在犯罪行为实行终了以后犯罪结果尚未发生以前，只要有效地防止犯罪结果发生，也符合了有效性。但是，在共同犯罪的场合，对共同犯罪人放弃犯罪的彻底性和有效性

---

① 赵秉志主编：《中国刑法案例与学理研究》（第一卷），法律出版社 2004 年版，第 378 页。

的要求要更高。由于各共同犯罪人之间的连带关系，共同犯罪行为的有机整体性，要求共同犯罪人不仅限于自己的行为，还应及于其他共同犯罪人的行为和共同犯罪行为整体。对于共同犯罪中个别共同犯罪人成立犯罪中止的条件问题，我国刑法理论界主要有以下几种观点。一是整体中止论，认为个别共同犯罪人中止犯罪，不仅要停止自己的犯罪行为，还应使其他共同犯罪人停止实施共同犯罪行为，或者有效地防止共同犯罪结果发生。否则，个别共同犯罪人不能成立犯罪中止。二是个别中止论，认为共同犯罪中的个别共同犯罪人只要自动停止了自己的犯罪就可以成立犯罪中止，而不论共同犯罪发展到何种程度。三是区别对待论，认为主犯中止犯罪的有效性应以停止共同犯罪、有效地防止共同犯罪结果发生为标志，但其他共犯则应以其力所能及的范围为限。如果因其能力有限而阻止无效的，仍可成立犯罪中止。四是切断因果关系论，认为应以是否有效地切断自己以前的行为与危害结果之间的因果关系来确定。如果个别共同犯罪人确实切断了自己以前的犯罪行为与以后的危害结果之间的因果关系，即使共同犯罪的危害结果由其他共同犯罪人促成，也能成立犯罪中止。五是既遂原因力消除论，认为使自己的行为与整体的共同犯罪行为解体是判断中止有效性的标准。即在主观上切断与其他共同犯罪人之间的共同故意的联系，客观上抵消自己先前行为对共同行为所起的合力作用，使之消除对犯罪形成既遂的原因力。[①] 其实，共同犯罪中个别共同犯罪人的犯罪中止问题，是犯罪中止形态与共同犯罪形态的交叉问题，因此必须结合犯罪中止与共同犯罪的相关的刑事立法和刑法理论来解决。“整体中止论”有其可取之处，如果个别共同犯罪人自动有效地阻止了共同犯罪结果发生，该共同犯罪人自然成立犯罪中止。但该观点过于强调共同犯罪的整体性而忽视了共同犯罪人也具有独立性，而且该观点也不利于贯彻区别对待的刑事政策。“既遂原因力消除论”从共同犯罪的整体性出发，认为个别共同犯罪人不仅在客观上从共同犯罪行为整体中脱离，而且在主观上切断与其他共同犯罪人的意思联络，才能成立其个人的犯罪中止。这种以主客观相统一为基础判断中止犯罪的有效性是其合理之处。但其只强调从共同犯罪中脱离而不考虑阻止共同犯罪行为是其不足之处。综合分析，笔者认为，个别共同犯罪人成立犯罪中止有以下两种情况：一是个别共同犯罪人有效地阻止了共同犯罪结果发生，这时其他共同犯罪人成立犯罪未遂；二是个别共同犯罪人不能控制共同犯罪，不能有效地阻止共同犯罪结果发生，仅自己单方脱离共同犯罪并不能防止犯罪结果发生的，则必须在客观上采取有效地措施防止共同犯罪结果的发生，在主观上使其他个别共同犯罪人知晓其已脱离共同犯罪故意，才能成立犯罪中止。而其他共同犯罪人则可能成立犯罪既遂。

就本案而言，王某某、邵某某构成抢劫罪的共同犯罪，也构成故意杀人罪的

① 陈兴良主编：《刑事疑难案例评析》，中国人民公安大学出版社 1998 年版，第 48 ~ 49 页。

共同犯罪。虽然被告人王某某、邵某某在共同抢劫之后，又合谋杀人灭口，但在实施共同故意杀人行为时，二被告人对危害结果发生的心理态度有所不同。

邵某某在被害人的哀求下答应保留其生命，与被害人商定救其性命的方法，并按照商定的方法，成功避免了被害人死亡的结果。邵某某在当时的环境条件下，能够完成犯罪，但其在主观上自动打消了原有的杀人灭口的犯罪意图，在客观上采取了避免被害人死亡的方法并有效地阻止了被害人死亡的结果。邵某某构成故意杀人罪，系自动有效地防止犯罪结果发生的犯罪中止。

王某某杀人灭口的意志坚定，其杀人的犯罪故意始终未发生变化。被害人成功逃脱，没有死亡，是其意志以外的原因所致。因此，王某某构成故意杀人罪，系实施终了的犯罪未遂。

（二）思考案例

1. 案例一

2011 年春节期间，被告人莫某的女友杨某得知莫某已经结婚后，愤然与之分手，回到老家安徽合肥。但莫某却一直无法接受杨某与自己分手的事实，并不断纠缠杨某，要求复合，均遭拒绝。2011 年 4 月 30 日凌晨，莫某驾驶轿车从江苏省张家港市到安徽合肥欲与杨某同归于尽。途中，莫某在南京市汤泉服务区加油站加油后，利用软管从汽车油箱内自行抽取约 3 升汽油装入防冻液桶中，并手写、语音录制遗言给其家人。当日 3 时 40 分许，莫某携带汽油和打火机找到并进入合肥市庐阳区某小区杨某的住处，手持打火机并把油桶盖子打开，扬言要与杨某一起死，并往自己身上倒洒汽油，期间汽油泼洒到客厅的茶几和地板上面。因杨某对此情况有所防备已离开住处，房间内只有杨某事先约请的朋友胡、朱等四人，莫某见状遂持油桶离开，胡、朱等人为防止事态恶化跟出制止，至楼下后将莫某制服，将其手中的油桶和打火机夺下，后莫某被接警赶来的民警带回接受处理。案发后，被害人杨某及其朋友对被告人莫某的行为表示谅解。

问：（1）危险犯的犯罪既遂的标准是什么？

（2）对被告人莫某的行为如何认定？

（3）假设莫某在杨某的房间泼洒汽油后用打火机点燃，在酿成火灾前便被胡、朱等人扑灭，对莫某应如何认定？

2. 案例二

2008 年 6 月 17 日凌晨，被告人蒲某窜到宜丰县双峰林场 ××村，爬入被害人吴某家二楼，准备下到一楼店面盗窃，被吴某家的报警器发现进而发出鸣叫声。被告人蒲某赶紧躲上楼顶。被害人吴某、钟某夫妇听到报警后起床查看，当打开二楼客厅通往楼梯的门时，撞见被告人蒲某，蒲某随即用砖头砸在吴某头部，并与吴某夫妇扭打起来。后蒲某被吴某夫妇抓获。经法医鉴定，吴某、钟某夫妇的伤势分别为轻微伤甲级和丙级。

问：（1）转化型抢劫罪是否存在犯罪未遂？

（2）被害人蒲某的行为应当如何认定？

3. 案例三

被告人李某某，男，1977 年 5 月 18 日生，农民。

2008 年 6 月上旬，李某某因急需用钱而谋划抢劫同村女青年魏某某（20 岁）。6 月 19 日 20 时许，李某某携带作案工具绳子等驾驶在县城租用的小轿车，以外出游玩为由将魏某某骗上车。李某某驾车在某公路上行驶，寻找抢劫地点。6 月 20 日凌晨，行至某大桥附近，李某某停车，用绳子将魏某某绑在座位上，抢走魏某某提包内的现金 180 元、手机一部（价值 990 元）和农业银行金穗卡一张，并逼迫魏某某说出了金穗卡的密码。随后，李某某用绳子猛勒魏某某的脖子致其昏迷不动，并用绳子捆绑住魏某某的手脚后将其扔进轿车后备箱，驾车离开。途中，李某某发觉魏某某未死便打开后备箱，先用石头砸魏某某的头部，又用随身携带的剪刀刺其喉部，致魏某某再次昏迷。6 月 20 日 6 时许，李某某恐怕魏某某未死，在途经的一个杂货店买了一把水果刀，将车开到公路旁的养牛场后准备杀害魏某某。已苏醒并挣脱绳索的魏某某，乘李某某上厕所之机打开汽车后备箱逃至公路上呼救，过路行人曾某某用手机报警。李某某见状追上魏某某，并用水果刀捅魏某某的腹部，因魏某某的抵挡致刀柄折断而未能得逞。李某某对魏某某说："你的命真大，这样都弄不死你，我送你去医院吧"，并将魏某某劝上车。魏某某上车后李某某又殴打魏某某。李某某开车往老路方向行驶，当车行驶到一加油站时，魏某某从车上跳下向路人呼救。李某某停车大声说"孩子没了不要紧，我们都年轻，我带你去医院"以搪塞路人，同时再次将魏某某劝上车。上车后李某某威胁魏某某不能报警，否则继续杀她，魏某某答应后，李某某开车送魏某某去医院。途中，魏某某要回了被抢的手机和银行卡，并打电话叫朋友赶到医院。6 月 20 日 8 时许，李某某将魏某某送入医院进行治疗，并借钱支付了 4000 元医疗费。经鉴定，魏某某的伤情为轻伤。

问：（1）如何区分犯罪未遂与犯罪中止？

（2）在故意犯罪过程中放弃重复的侵害行为，是否必然属于犯罪中止？

（3）本案被告人李某某的行为应当如何定罪处刑？

4. 案例四

2010 年 7 月 11 日 22 时许，被告人李某酒后回家途中，使用暴力将一同回家的朋友王某（女）拽至一玉米地里，将其压倒在地欲与其发生性关系，遭到王某的奋力反抗。在扭打过程中王某假意对李某说："别在这儿，去你家好吗？"此时李某酒醒，觉得此事不好，便松开王某。王某趁机起身离开，走出玉米地朝自家方向走去。李某跟在后面，并一起向王某家方向走。走到村口时，王某见一路人，便大喊救命，遂案发。

问：（1）如何区分犯罪中止与犯罪预备？

（2）被害人李某的行为应当如何认定？

5. 案例五

张某因嗜赌成性，欠下大量赌债，遂产生非法获取钱财之念。某日，张某在火车站闲逛，与一外地妇女王某（实为两性人）搭讪时，产生将其拐卖获利的意图。张某便以帮助找工作为名将王某骗到自己的住处，随后将其以5000元人民币的价格卖给李某为妻。李某收买王某以后，欲与其发生性关系。李某不顾王某反对，在用暴力强行将其按倒并扒去其裤子后，却发现王某是两性人，无法进行性交行为。李某对此非常恼火，又找不到张某，便谎称王某是自己的妹妹，将其以5000元人民币的价格卖到外地。

问：（1）犯罪对象认识错误是否成立犯罪的未完成形态？

（2）张某的行为应当如何认定？

（3）李某的行为应当如何认定？

6. 案例六

被告人张某甲，女，37岁，无业；

被告人张某乙，男，35岁，工人。

1997年11月初，胡某（另案处理）先后准备了羊角铁锤、纸箱、编织袋、打包机等作案工具，以合伙做生意为名，骗取了被害人韩某的信任。1997年11月29日14时许，被害人韩某携带装有19万元人民币的密码箱，按约来到胡某的住处。胡某在给韩某倒的茶水中放入了5片安眠药，韩某喝了茶后倒在胡某的客厅沙发上昏睡。胡某遂用事先准备好的羊角铁锤和尖刀杀死了韩某，随后将被害人韩某的尸体肢解成五块，套上塑料袋后分装在两个纸箱中，再用编织袋套住并用打包机封住。次日上午8时许，胡某约来张某甲和张某乙，声称两个包裹里装的是毒品，唆使二人帮其将包裹运至南京。当日中午，张某甲和张某乙二人乘出租车抵达南京，按照胡某的要求，将两只包裹寄存于南京火车站小件寄存处。后因尸块腐烂而案发。

问：（1）什么是不能犯未遂？不能犯未遂有什么特征？

（2）不能犯与不能犯未遂是什么关系？

（3）被告人张某甲、张某乙的行为应当如何认定？

7. 案例七

被告人李某，男，43 岁。

李某一直暗恋邻居刘某。2010 年 4 月 17 日晚，李某在家喝了点酒后，仗着“酒胆”，趁夜翻墙进入刘某家。当他准备进入刘某客厅时，发现刘某正在客厅看电视。李某赶紧收住脚步，爬上刘某院落中的一棵树伺机而动。他在树上艰难度过4个多小时后，天气突变。在一阵电闪雷鸣中，刘某家的院落被照得如同白昼。刘某受惊之下，无意间发现躲在树上的李某，立即打电话报警。李某遂知事情败露，再也没有机会下手了，便跳下树逃回家中。次日早上，李某被当地派出所民警带走。在接受审讯中，李某坦白了他爬上树的主观意图，说“我爬上树，确实想等机会强奸她”，同时表示愿意接受处罚。

问：（1）如何区分犯罪预备与犯罪中止的界限？

（2）李某的行为应当如何认定？

8. 案例八

被告人王某某，男，30 岁，曾被强制戒毒。

被告人王某某对强制戒毒被限制人身自由的日子心有余悸，但自戒毒所出来后，始终无法抗拒毒品的诱惑，又重新染上毒瘾。2011 年 6 月 12 日，在田东县刚刚吸食了海洛因的被告人王某某应“粉友”的邀请前往德保县城玩。17 时许，被告人王某某与“粉友”步行至德保县德盛路××宾馆附近时，被警察依法予以盘查。因怕再次被强制隔离戒毒，被告人王某某便用随身携带的牛角尖刀刺向警察，趁警察后退躲避之机，被告人王某某撒腿狂奔而逃。当逃至德盛路××号店铺门前时，王某某见该处站着一名中年妇女，情急之下便揽住该妇女，用牛角刀架在该妇女脖子处，以杀死该妇女相威胁，要求追赶前来的警察停止对其追捕。见警察不敢上前，被告人王某某用刀挟着人质往店铺内拖拉并欲往楼上逃跑。受到惊吓的人质瘫在楼梯口处苦苦哀求，表示其刚做过心脏手术，体力不支无法上楼。王某某见其所述属实，便放开人质独自逃至楼顶。当被告人王某某逃至隔壁××旅馆楼顶时，发现已无路可逃后，便绝望地在楼顶的一房间内用牛角刀自伤腹部。

问：（1）行为犯的犯罪既遂标准是什么？

（2）犯罪中止与犯罪既遂的界限是什么？

（3）被告人王某某的行为如何认定？

七、共同犯罪

（一）案例分析

1. 周某、李某、杨某涉嫌故意伤害案

【基本案情】

周某开车送朋友李某、杨某回家，途中周某接到一个电话，便奔赴一家旅馆。不久，李某、杨某二人看见周某与刘某在旅馆外互殴，刘某的几名雇员也上前帮助刘某。杨某于是手持铁管与刘某的几名雇员发生殴斗，但没有打到刘某。李某看到周某被刘某压在身下要吃亏，就用随手拣起的打气筒打向刘某，之后周某等三人迅速逃离现场。刘某右眼球因伤被摘除，经鉴定属于重伤，但没有证据证明究竟是谁打中刘某的右眼。

【主要问题】

1. 共同犯罪的构成要件是什么？
2. 什么是承继的共同犯罪？
3. 共同正犯承担刑事责任的原则是什么？
4. 在共同犯罪不能查明谁的行为造成危害结果时，由谁对危害结果承担刑事责任？
5. 承继的共同犯罪承担责任的范围是什么？

【分析】

根据刑法第25条的规定，所谓共同犯罪，是指二人以上的共同故意犯罪。据此，成立共同犯罪必须满足以下几个条件：第一，共同犯罪的主体必须是二人以上，包括二人。按照我国刑法学多数说，还要求二人以上必须均具备刑事责任能力，即是达到刑事责任年龄、精神健全的人。第二，在主观上，两个以上的行为人必须具有共同犯罪的意思，这是指二人以上的行为人有共同实施构成要件行为的意思。换言之，是指各行为人不仅明知自己与他人共同实施的危害行为会发生危害社会的结果，而且希望或者放任这一危害结果的发生。具体而言，在认识因

素上，一方面，各行为人必须明知不是自己一个人单独实施危害行为，而是与他人共同实施危害行为，即共同犯罪行为人在主观上必须有犯罪意思的联络或者沟通；另一方面，各行为人还必须明知自己与他人共同实施的危害行为会发生某种危害社会的结果。在意志因素上，各行为人都希望或者放任危害社会的结果发生。第三，在客观上，二个以上的行为人必须具有共同的犯罪行为，即二人以上在共同犯罪故意支配下，共同实施的有着内在联系的指向同一犯罪构成的行为。首先，各个行为人的行为必须是在共同犯罪故意的支配之下，实施的指向同一个犯罪构成的行为。其次，各个行为人的行为相互联系、相互配合，形成一个有机的整体，共同地促成了法益侵害、危险结果的发生。当然，这里共同行为未必要求必须是相同的行为，各行为人之间可以有具体的犯罪分工，如有的行为人实施犯罪的实行行为，有的行为人实施犯罪的教唆行为，有的行为人则实施犯罪的帮助行为。必须将每个行为人的行为放在整个犯罪活动中考察，才能够确定其真正的性质、作用，才能够最终确定各行为人的行为是否互相联系、互相配合，是否真正形成一个有机整体，共同促进法益侵害、危险结果的发生。最后，各个行为人的行为无论表现形式如何，分工如何，都对危害结果的发生具有原因力，因而都是危害结果发生的原因，都与法益侵害、危险结果之间具有刑法意义的因果关系。[①] 当然，直接实施犯罪的实行行为人的行为与法益侵害、危险结果之间具有直接的因果关系，而教唆行为、帮助行为与法益侵害、危险结果之间具有间接的因果关系。在违法性的质上，二者没有任何实质区别，只不过是违法性量的不同。

本案中关于周某、李某、杨某三人是否构成共同犯罪，存在以下几种对立观点：第一种意见认为，周某、李某二人构成共同犯罪，周某与李某应当共同对刘某的伤害结果负责。但是，因为杨某与刘某没有身体上的接触，所以应排除杨某的故意伤害责任。在难以认定刘某眼部重伤结果是周某还是李某造成的情况下，因为周某、李某二人均接触过刘某的身体，因此应当由二人共同对刘某的重伤害结果负责。第二种意见认为，在分不清是周某还是李某将刘某打成重伤的情况下，周某、李某均不能认定构成故意伤害罪。因为事先没有预谋，在对刘某伤害的过程中，周某没有要求李某对其予以帮助，没有共同的意思联络行为，李某是在周某被刘某压在身下时，自己主动上前用气筒对刘某实施打击行为，二人之间缺乏共同的犯罪故意，不具备共同犯罪的主观构成要件。在不构成共同犯罪的前提下，就应对周某、李某每个人的行为分别认定，谁对刘某的眼部实施了伤害行为，谁就应对刘某的重伤结果负责。在本案的现有证据不能确定是谁造成刘某右眼重伤的情形下，只能尊重现有证据而不能客观归罪。第三种意见认为，周某等三人的行为构成共同犯罪，周某等三人应共同承担刑事责任。这是因为，一方面，周某、

---

① 李文燕、杨忠民主编：《刑法学》（第三版），中国人民公安大学出版社 2011 年版，第 145 ~ 147 页。

刘某、杨某三人具有共同的犯罪故意。共同故意犯罪形成的时间并不能仅仅局限于着手实行犯罪以前，共同犯罪的故意也可以形成在实行犯罪的过程中。如果前行为人已实施一部分实行行为后，后行为人以共同犯罪的意思参与实行或者提供帮助，则属于承继的共同犯罪，后行为人就其参与后的行为与前行为人构成共同犯罪。本案中，周某等三人虽然没有进行预谋，周某在与刘某等人的互殴过程中也没有让李某、杨某二人上前对其提供帮助，但李某、杨某的行为属于具有以共同犯罪的意思参与其中的行为，属于事前无通谋的共同犯罪，具有共同的犯罪故意。另一方面，周某、李某、杨某三人具有共同的行为。本案中，周某首先参加了互殴行为，李某、杨某二人随后加入了其中，周某并没有对李某、杨某二人的加入行为予以制止，因此从李某、杨某二人加入时起，周某、李某、杨某三人的行为即具有了共同性。根据本案的证据情况，并不能证实刘某的重伤结果是发生在李某、杨某二人加入之前还是在李某、杨某二人加入之后，这就属于共同犯罪过程中的混合责任问题。对于这种混合责任，按照我国刑法理论，应由周某、李某、杨某三人来共同承担。①

上述三种观点都难以得到支持。在此，特别需要注意以下几个问题：

首先，本案应当属于承继的共同犯罪的情况，周某、李某、杨某的行为仍然完全符合共同犯罪的构成要件。上述第二种观点不能成立。从犯罪主体上看，周某、李某、杨某都达到了刑事责任年龄，具备刑事责任能力。从犯罪主观方面看，周某、李某、杨某不仅知道自己在实施伤害行为，而且也意识到自己与他人一起实施伤害行为。尽管李某、杨某是在周某实施了部分实行行为后参与进来的，但是难以否定三者之间的意思联络。从犯罪客观方面看，在故意伤害中，三人的行为相互联系、相互配合，形成一个有机的统一整体。综合以上三个方面，周某、李某、杨某应当构成故意伤害罪的共同犯罪。

其次，共同犯罪（共同正犯）的处罚原则是部分实行全部责任的原则。在共同犯罪的场合，因为各正犯者相互利用、补充其他人的行为，便使自己的行为与其他人的行为成为一体而导致了结果的发生。因此，即使只是分担了一部分实行行为的正犯者，也要对共同的实行行为所导致的全部结果承担正犯的责任。② 换言之，在共同犯罪的场合，正犯者不仅要对自己的行为结果承担责任，还要对与自己的行为具有因果关系的他人行为的结果承担刑事责任。

在事实的认定上，只要证据能够证明危害结果系由作为共同犯罪人的某个人的行为所致，并且能够排除其他原因导致的合理怀疑，那么即使不能查明危害结果究竟是由谁的行为所致，也完全可以追究全部共犯者的刑事责任，即每一个共

---

① 杨舒荣：《见朋友挨打上前帮忙是否构成共同犯罪》，载《检察日报》2009 年 4 月 5 日第 3 版。

② 张明楷著：《刑法学》（第四版），法律出版社 2011 年版，第 361 页。

犯人都应当对危害结果承担刑事责任。这种做法完全符合部分实行全部责任原则的要求，也不违反责任主义原则的要求。同时，可以避免没有人对危害结果负责，充分实现刑法的法益保护机能。

值得一提的是，日本刑法第207条规定了同时伤害的特例。该条规定，二人以上实施暴行伤害他人的，在不能辨别各人的暴行所造成的伤害的轻重或者不能辨认何人造成了伤害时，即使不是共同实行的，也依照共犯的规定处断。但是，同时伤害具有完全不同于共同犯罪的构造。在同时伤害的场合，各行为人之间不仅主观上没有意思联络，而且客观上各行为人的行为之间不具有相互利用、相互补充的关系，甚至可能存在并非所有行为人的行为都与危害结果具有因果关系的情况。因此，日本刑法第207条的这种规定难免有违反责任主义原则和单纯客观归罪的嫌疑。

再次，在承继的共犯的场合，各共犯人只能就构成共犯的事实部分承担刑事责任。对于本案而言，如果能够确定刘某重伤的结果是在李某、杨某加入之后所致，那么该结果就是三人共同伤害的结果，因此周某、李某、杨某三人都应当对该重伤结果负责任。即使不能查明究竟是由谁的行为所致也应如此。然而，问题是该案尚不能明确刘某重伤的结果究竟是在李某、杨某加入之后所致，还是在此之前单独由周某所致。

如果刘某重伤的结果是在李某、杨某二人加入之前由周某单独所致，那么李某、杨某二人是否要对此承担刑事责任？这涉及承继的共犯承担责任的范围问题。

日本曾有类似的案例，基本案情是：Z知道A让与他交情较好的B垫付金钱后，Z非常气愤，便在与其他人共谋后，在A的住所以及把A带到事务所的出租车里，殴打A的脸部，而且，在事务所里用木刀、玻璃制烟灰缸殴打A的脸部、头部。由于这一系列的打击，造成A的伤害。这时被告人X出现了。从A脸部流血的样子以及B的说明，X很快知道了事情发生的经过。在认识、容忍了Z等对A施加暴行致其重伤的事实的同时，自己也以共同加担的意思，对A的下巴打了两三拳。此后，Y也对A的面部殴打了一拳。原审认定X成立伤害罪的共同正犯。但是，大阪高等裁判所撤销了原判，自行判决认为，对于在前行为人的犯罪行为实现的过程中，对此进行共谋加担的后行为人，认定其对包含前行为人的行为在内的有关犯罪的整体成立共同正犯的实质根据在于，后行为人把前行为人的行为等作为实现自己犯罪的手段积极地加以利用。所谓成立承继的共同正犯，实际上相当于认为只限于后行为人不仅认识、容忍前行为人的行为以及由此产生的结果，而且在以此作为实现自己犯罪的手段积极地加以利用的意思下，于中途共谋、加担在实体法上构成一罪的前行为人的犯罪，并对以上行为作为手段现实地加以利用的情况。对于前行为人实现中的一连串的暴行，在后行为人仍然以暴行的故意于途中共谋、加担的场合，因为一个的暴行本来构成一个犯罪，既然不仅后行为人没有加担一个暴行，而且后行为人除了对被害人施加暴行的目的外别无其他目的，即使后行为人认识、容忍前行为人的行为等，只要没有其他特别的情况，就不能认定把前行为人的暴行作为实现自己的犯罪的手段积极地加以利用。而且，即使这样理解也不会产生与第207条同时伤害的特别规定的不均衡问题。因此，X只成立暴行罪的共同正犯，[①] 否定成立故意伤害罪的共同正犯。

对此有肯定说和否定说两种不同立场。肯定说的理由是：(1) 既然后行为人了解前行为人的意图，并利用前行为人已经造成的事态，便表明二者就行为整体形成了故意。(2) 在法律上，共同犯罪（共同正犯）是因为相互了解和参与实施而对他人的行为也承担责任，至于相互了解的时间则不是一个重要问题。(3) 后行为人利用前行为人已经造成的结果，就如同利用自己引起的结果，理应对此承担责任。否定说认为，后行为人对于参与前的前行为人的行为造成的结果不承担责任。主要理由有两点：(1) 前行为人实施的行为已经造成结果时，后行为人的行为不可能成为该结果的原因，因此不可能对该结果承担责任。(2) 后行为人虽然了解前行为人的行为及其结果，但这并不表明二人对结果有共同故意，也不表明该结果由二人共同造成。在我们看来，否定说应当得到支持。不仅客观上难以承认后行为人对于参与之前的前行为人的行为结果的因果性，[②] 即如果承认二者之间的原因力则违背了原因在前结果在后或者二者同时发生的经验法则，而且后行为人对于参与以前的前行为人行为所导致的结果在主观上难以满足行为与责任同时存在的要求。

就本案而言，如果刘某的重伤结果发生于杨某、李某参与之前，即系由周某的个人行为所致，则只能由周某个人对其承担责任，杨某、李某不能对其承担责任。

综上，关于刘某的重伤结果，对于杨某、李某而言，由于不能排除是由周某个人行为单独所致的合理怀疑，本着案件事实存疑时有利于被告人的原则，杨某、李某对该结果不能承担刑事责任。所以，在本案中杨某、李某只承担故意伤害罪（未遂）的刑事责任。然而，对于周某而言，无论该危害结果是由其个人行为单独所致，还是由杨某、李某参与后的共犯行为所致，周某都应当承担刑事责任。对于周某而言，前后的伤害行为属于一个完整的犯罪行为，因此刘某的重伤结果应当由周某负责，即周某应当承担故意伤害罪（既遂）的刑事责任。

2. 袁某等人涉嫌故意伤害案

【基本案情】

被告人袁某与被害人李某某原来是恋爱关系。二人因故分手后袁某又开始与

---

① ［日］前田雅英著：《最新重要判例250［刑法］》，弘文堂1998年版，第85页。

② 张明楷著：《刑法学》（第四版），法律出版社2011年版，第391页。

被告人张某谈恋爱，但袁某与李某某仍有电话联系。2010年1月7日22时许，李某某酒后从家中赶到河南省虞城县城关镇××网吧找到正在上网的袁某，二人发生争执、厮打，袁某让其朋友刘某给张某打电话让张某过来，刘某即打电话给张某告知袁某被打。张某接到电话后便伙同被告人赵某某、周某某、胡某某、段某某乘出租车赶到××网吧。袁某见到张某等人后，哭诉着要张某等人替其出这口气。于是张某等5人与袁某商量后，向袁某保证要好好地教训下李某某。后来，张某与其他4人在网吧对面的一条胡同内与李某某厮打在一起。在殴打过程中，张某始终没有参与，而只是在现场指挥。期间，赵某某用拳头和砖块朝李某某头部击打数下，周某某、胡某某、段某某朝李某某的身上乱踢一通。随后，周某某、胡某某、段某某将李某某拖到殴打现场100米远的距离。周某某、胡某某、段某某回来后，看到赵某某脸上有伤，就又返回李某某处。周某某、胡某某鼓动段某某要替“赵哥”出这口气，于是段某某继续朝李某某的头部猛踹几脚，直到李某某不动了才停止。随后袁某、张某、赵某某、周某某、胡某某、段某某分乘两辆出租车离开现场。警察接到群众报警后赶到现场，发现李某某已经当场死亡。

【主要问题】

1. 单纯参与犯罪谋议的是否构成共同犯罪？
2. 参与犯罪谋议的人应当认定为主犯还是从犯？
3. 如何认定共谋共同正犯的犯罪形态？
4. 什么情况下对于共同谋议的行为可以消除共犯关系？
5. 对于加重结果是否成立共同犯罪？
6. 教唆犯定主犯还是从犯？

【分析】

在该案中，第一个争议问题是，张某是否构成故意伤害罪的共同犯罪。一种观点认为，张某自始至终没有实施伤害李某某的行为，张某没有共同的犯罪故意，更没有共同的犯罪行为，因此张某不构成故意伤害罪的共同犯罪。另一种意见认为，张某与赵某某等5人有共同的犯罪故意，应当成立共同犯罪。

张某在刑法理论上属于共谋共同正犯的情况。所谓共谋共同正犯，是指二人以上共谋实行某犯罪行为，但是只有一部分人基于该共同实行犯罪的意思实行了犯罪，没有直接实施犯罪的实行行为的共谋人与直接实施了犯罪的实行行为的人，共同构成所共谋的犯罪的共同正犯。共谋共同正犯是与二人以上均直接实施了共谋的犯罪的实行行为的实行共同正犯相对应的概念。

在日本刑法上，由于日本刑法第60条规定二人以上共同实行犯罪的，是正犯。因此，要求构成共同正犯至少要实施部分实行行为。换言之，在日本刑事立法上承认共谋共同正犯在形式上存在相当的障碍。正因如此，起初日本刑法理论上几乎不承认共谋共同正犯的概念。然而，在日本的判例上则广泛地承认共谋共同正犯的概念。起初，判例的做法受到理论的强烈批判。否定说的最主要的理由就在于认为共同正犯是正犯，因此必须分担了部分实行行为，但是在共谋的情况下，单纯参加谋议的行为还不是犯罪的实行行为。其根本的症结在于坚持限缩的正犯概念，对实行行为进行形式化的理解。

但是，20 世纪 90 年代前后判例的立场很快得到理论界的强有力的支持。平野龙一先生对于推动理论的支持起了非常重要的作用。平野龙一先生认为，判例是对法的具体化，学说只不过是对此的参考意见。平野龙一先生坚持刑法解释论应当遵循判例的基本方向。他认为对于刑法解释论必须以判例的基本方向为前提的范例，可以举出共谋共同正犯论受到肯定的情况。

作为共谋共同正犯的理论支撑，首先要提到草野豹一郎的共同意思主体说。草野豹一郎博士认为，由于参与共谋，形成了同心一体的共同意思主体。共同意思主体中一人的实行行为有被评价为意思主体的活动的可能。因此，对于共同意思主体的刑事责任，可以类推民法上的合伙理论归责于每个行为人。

然而，共同意思主体说的最大问题在于违反个人责任原则。因此，已经没有人支持该理论。现在，在日本流行的观点是通过实行行为的实质化加以解释。作为判例的动向，最早通过实行行为实质化解释的是日本最高裁判所 1958 年 5 月 28 日的练马事件判决。该判决认为，成立共谋共同正犯，要求二人以上为了实行特定的犯罪，在共同的意思下构成一体，相互地利用他人的行为，将自己的犯罪意思付诸实现。应当承认对此加以谋议，由此实行犯罪的事实。因此，在以上的关系上，既然承认参加共谋的事实，即使没有直接参与实行行为的人，在把他人的行为可以说作为自己的手段实行犯罪的意义上，没有理由认为他们之间的刑事责任的成立会有不同。

对于上述判例的理论基础，藤木英雄博士认为，之所以认定共同正犯的一部实行全部责任，是因为共谋人之间相互协力，通过共同人的行动补充自己的不足部分，可以说是相互地把对方当做自己的手足那样加以利用。共谋共同正犯也是因为基于共同意思成为一体，相互了解，互相把对方作为工具加以利用，从而认定共谋人的正犯性的。但是，上述理论很显然是通过类推“作为工具加以利用”的间接正犯的理论进行说明的。

在德国刑法上，主流的观点是以行为支配论作为划分正犯与共犯的标准，即正犯是犯罪的核心角色，对犯罪实施起支配作用的是正犯，此外对犯罪实施不起支配作用的是共犯。

就我国刑法而言，由于我国刑法第 25 条规定，二人以上的共同故意犯罪是共犯，因此，在形式上认定共谋共同犯罪不存在任何障碍。然而，可以肯定的是，第 25 条同时包括了教唆犯、帮助犯的情形，因此这给认定是正犯还是教唆犯、帮助犯带来更大的困难。因为我国刑法对于主犯的规定更加实质化，所以在解释结论上应当采纳实质解释的立场。因此，上述关于共同正犯的理论中的行为支配说更具有可取性。

就本案而言，张某虽然一直没有实施故意伤害的实行行为，但是张某参与了故意伤害的谋议，整个案件事实主要是由张某策划的。而且，尽管张某没有实施实行行为，但是张某一直在现场指挥殴斗。张某对整个犯罪事态起着支配作用，是整个犯罪的核心角色，而不是配角，因此张某应当构成故意伤害罪的共谋共同正犯。

第二个需要讨论的问题是，是否参与谋议的人都应认定为主犯。在本案中，可以肯定的是张某始终支配着整个犯罪事态的发展，在共同犯罪中起着主要作用，应当认定为主犯。但是，这并不意味着凡是参与了谋议的人都应认定为主犯。对于行为人是定主犯还是从犯，应当根据行为人在共同犯罪中的作用大小进行判断。只要参与了犯罪的谋议，即使在整个犯罪中并不起支配作用，或者发挥的作用较小，并且行为人没有参与实施，也可以成立共同犯罪。例如，甲、乙、丙、丁共同谋议伤害A，4人谋议由丁开车把其他3人送到现场。到了现场后，由于丙害怕没有下车，甲、乙二人把A打成重伤后，返回车里与丙一同乘车逃走。丙由于没有参与犯罪的实行，不构成实行共同正犯。但是，丙至少在心理上强化了甲、乙的伤害意图，即丙的行为与A的伤害结果之间至少具有心理的因果性，所以丙应当认定为从犯（心理的帮助犯）。总之，对于共同参加谋议的人不能一概地认定为共谋共同正犯。

第三个问题是，如何认定共谋共同正犯的犯罪形态。在共谋共同正犯的场合，因为难以否定共谋人对犯罪结果的心理的因果性，所以应当把犯罪的结果归责于共谋人，即共谋人应当对整个犯罪事实负责。在本案中，尽管张某自始至终没有实施故意伤害罪的实行行为，但是，难以否定张某对于被害人李某某的伤害结果具有心理的因果性。因此，张某应当对李某某的伤害结果负责，即张某构成故意伤害罪既遂。

第四个问题是，张某特别是赵某某是否要对李某某的死亡结果负责。在共同犯罪中，只要实施了部分实行行为，就应当追究全部责任。但是，这必须是在具有意思联络和由于共同实行所产生的因果性的范围内追究刑事责任。只有在能够认定共犯关系解除的情况下，才能够排除共同正犯在共谋的行为已经实施终了之后，对其他的共犯人又继续实施危害行为以及由此导致的危害结果的责任。要想认定共犯关系的解除，必须能够认定其他共犯人仍然能够作出犯行的危险已经消除。反之，如果上述危险尚未消除时，其他共犯人就有必要对此采取防止的措施。在本案中，作为共同正犯的其他共犯人仍然具有进一步实施伤害行为的危险，而张某、赵某某却没有实施特别的防止措施，相反却任由事态的发展，因此难以认定张某、赵某某共犯关系的解除。

从相反的方向来看，需要判断张某、赵某某的当初共谋共同伤害的行为与李某某死亡结果之间的因果性的有无。即使从这样的视角观察，基于以下的理由，也可以确定张某、赵某某的行为与李某某死亡之间的因果关系。一是张某、赵某某在开始谋议到共同伤害行为的终了期间，始终发挥着重要的作用。张某是现场的指挥者，整个事态是按照张某的意思方向发展的。赵某某则是伤害行为的主要实施者，赵某某用拳头和砖块打击李某某头部的行为奠定了李某某死亡的基础，与其他人的打击行为以及后来段某某的行为共同促成了李某某死亡结果的发生。因此，从这方面说，难以否定张某、赵某某的行为与李某某死亡结果之间的因果关系。二是从对李某某死亡结果的参与度而言，张某的现场指挥行为特别是赵某某用砖块打击李某某头部的行为，都对李某某濒临死亡的结果发挥着重要的作用，即在整个事态的发展中，二人的参与度是最高的。三是对于后来段某某继续殴打李某某，加速了李某某死亡结果发生的行为，张某、赵某某没有采取任何必要的措施加以排除。四是张某作为指挥者、赵某某作为故意伤害行为的主要实施者，对于周某某、胡某某、段某某又返回犯罪现场的行为，张某、赵某某是明确知道的。根据当时事态的发展，二人完全能够判断周某某、胡某某、段某某继续对李某某施加伤害行为，二人当时也完全有能力对其他三人的行为加以制止，然而张某、赵某某二人却放任事态的发展。五是纵观整个事态的发展过程，即使在段某某继续实施殴打行为时，袁某、张某、赵某某、周某某、胡某某、段某某六人所组成的犯罪共同体尚未解散。综合以上五个方面，可以认定，段某某最后直接导致刘某某死亡的殴打行为，以及在此之前的共同伤害行为，都可以认定系与李某某的死亡具有因果性的连续的行为。换言之，应当认定李某某的死亡是以当初的共同的伤害行为之时所形成的对李某某的共同的伤害故意为基础的。

尽管从共同谋议实施伤害行为到最后犯罪结果的发生的因果历程并非完全与当初共谋的内容完全一致，但是这种因果关系的认识错误并不影响犯罪故意的成立。

第五个问题是，就加重结果是否成立共同正犯。本案中李某某的死亡是上述六名被告人故意伤害罪的加重结果。但是，从表面看，李某某死亡的加重结果是由段某某单独所致。那么，能否承认共同正犯就该对加重结果承担责任？结果加重犯具有既不同于故意犯又不同于过失犯的特殊构造，对于故意伤害罪而言，故意伤害致人死亡的结果加重犯具有对于基本行为及结果的故意，对加重结果至少要有过失的特殊构造。

对于故意伤害致人死亡的加重结果，各行为人只能出于过失，因此是否承认结果加重犯的共同正犯首先是以是否承认过失犯的共同犯罪为前提的。对于过失的共同正犯，我国刑法学者多数是以刑法第 25 条的立法规定为根据，持否定的态度。

但是，即使从解释论的角度而言，刑法第 25 条的规定也难以成为阻碍特殊情况下成立过失共同正犯的理由。特别是在结果加重犯的场合，结果加重犯具有既不同于故意犯又不同于过失犯的特殊构造。因为刑法分则的规定应当具有优先于总则规定的适用效力，所以应当承认结果加重犯与总则犯罪故意和犯罪过失的规定以及刑法第 25 条关于共同犯罪的规定是原则与例外的关系。

在立法论上也有承认过失的共同犯罪的必要。因为认定行为人是否成立共同正犯的最终目的就是要解决是否适用部分实行全部责任的原则。既然现实上行为人能够基于一定的意思联络共同实施故意犯罪，便没有任何理由否定行为人基于共同的过失实施过失行为。而且，从主观方面而言，难以否定行为人对危害结果具有共同过失的情况。①

在日本刑法学上，否定结果加重犯的共同正犯的理论往往是基于否定过失的共同正犯的同样的理由。例如，香川达夫教授立足于犯罪共同说，认为作为共同正犯的处罚原则的部分实行全部责任的原则的理论基础以及适用范围，只有在具备主观的要件时才是可能的。作为成立共同正犯的主观的要件，不仅要求对其他的共同加功者的行为具有认识，而且，甚至要求故意的一致，即犯罪的故意是共同的（严格的犯罪故意说）。因此，香川达夫教授不仅否定故意的结果加重犯的概念，而且认为共同正犯的成立只限于存在意思联络的限度内，即只限于基本犯本身的共同正犯的范围内。他认为，与是否站在过失说立场上无关，一般难以承认结果加重犯的共同正犯。而且，基于同样的理由，香川达夫教授也否定对于结果加重犯成立狭义的共犯。作为关于故意的转换、移动的课题的错误也只是在基本犯的限度内成为问题。②

但是，日本的刑法学者多数承认结果加重犯的共同正犯。当然，各自的理论基础不同，在与过失共同正犯的关系的立场上也不同。例如，有的学者站在对于过失犯的共犯与结果加重犯的共犯不同的立场上，在否定前者的同时肯定后者。齐藤金作博士就是从共同意思主体说的立场，肯定结果加重犯的共犯而否定过失犯的共犯。也有从行为共同说和犯罪共同说的立场出发，在结果加重犯具有过失犯的部分的犯罪类型的关系上，一般地根据肯定过失犯的共同正犯的相同的理论基础，也肯定结果加重犯的共同正犯。例如，坚持行为共同说的木村龟二认为，行为共同说实际上就是主张只要具有共同实行行为的意思就够了，因此认定故意的共同没有必要要求对于结果的共同的意思。所以，结果加重犯只要具有共同实行的意思意义上的意思共同，所有的共同行为人就都应当对结果负责任。而且，木村龟二不仅承认过失犯的共同正犯，还进一步认为该结论也适用于狭义的共犯即教唆犯和帮助犯的情况。③

应当说既然二人以上共同实施了基本的行为，而且基本行为定型地导致了加

① 张明楷著：《刑法学》（第四版），法律出版社 2011 年版，第 365 页。
② ［日］丸山雅夫著：《结果加重犯论》，成文堂 1990 年版，第 347 页。
③ ［日］丸山雅夫著：《结果加重犯论》，成文堂 1990 年版，第 349 页。

重结果的发生，即共同的基本行为具有定型地发生加重结果的危险，就应当承认二人以上的行为对加重结果均具有因果性。而且，从主观上说，二人以上均对加重结果具有回避的义务，即二人以上不仅具有避免自己的行为导致加重结果的义务，而且也具有避免其他共同行为人的行为导致加重结果的义务。因此，可以认定结果加重犯成立共同正犯。

第六个问题是，对于袁某的教唆行为认定为主犯还是认定为从犯。关于教唆犯在共同犯罪中的地位问题，我国刑法学多数学者认为教唆犯是造意犯，不仅使他人产生犯罪意图，而且使他人堕落并陷入遭受刑罚处罚的境地，因此在整个共同犯罪中发挥主要作用，应当认定为主犯。显然，上述观点是站在责任共犯说立场上的主张。但是，责任共犯说最大的问题是有违反责任主义原则之嫌，即教唆犯是因为他人的责任而受到处罚。

站在共犯处罚根据论的因果共犯论立场上，应当说教唆犯尽管引起了他人的犯意，但是客观上教唆者是通过正犯的行为间接地侵害法益而受到处罚。与正犯相比，在违法性上虽然与正犯的违法性没有实质的不同，但是必须承认教唆犯的违法性程度一般低于正犯的违法性程度。因此，一般而言，将教唆犯作为主犯看待并不合适。例如，在本案中袁某虽然是故意伤害罪的造意者，但是袁某始终没有实施故意伤害的违法行为，只是间接地通过张某等其他 5 人的违法行为与李某某死亡结果之间具有因果的关系。因此，纵观整个案件事实，袁某在本案中并非发挥主要作用，即处于从属地位。因此，该案中袁某被认定为从犯是妥当的。

当然，这并不意味着教唆犯一概不能定为主犯，在很多时候纵观整个案件事实，如果能够认定教唆犯在整个犯罪中起主要作用，仍然可以认定教唆犯为主犯。而且，教唆犯与实行犯之间还有转化的可能。当教唆者使他人产生了犯罪意图后，又积极地参与了犯罪的实行行为的，可以直接认定教唆者为主犯。

3. 朱某某等涉嫌职务侵占案

【基本案情】

自 2005 年上半年始，被告人朱某某伙同同案人何某某、蔡某某等人，利用被告人朱某某、同案人何某某分别在某省汝城县茶山脚钨矿担任仓库保管员和运输钨矿的便利，采取在装车时多装 6 包白钨精矿，然后由同案人何某某、蔡某某在运往郴州市的途中以卸货的方式侵占汝城县茶山脚钨矿的白钨精矿，至 2007 年上半年止，共侵占白钨精矿 6.3 吨。其中，何某某通过同案人蔡某某联系将 4 吨白钨精矿存放于马桥乡廊木村上楼组黄某某家中。2009 年 11 月，同案人何某某通过黄某某介绍卖给邓某某白钨精矿 2.3 吨，获赃款 12 万余元。2010 年 4 月 15 日，同案人何某某又将存放于黄某某家中的 4 吨白钨精矿卖给邓某某，获赃款 26.4 万余元。

【主要问题】

1. 不具有身份的蔡某某与朱某某、何某某是否构成共同犯罪？
2. 蔡某某在犯罪中是构成实行犯还是帮助犯？
3. 黄某某、邓某某是否与朱某某、何某某、蔡某某构成共同犯罪？
4. 何某某是否与黄某某、邓某某构成共同犯罪？

【分析】

根据刑法第 271 条的规定，公司、企业或者其他单位的人员，利用职务上的便利，将本单位的财物非法占为己有，数额较大的，构成职务侵占罪。该罪是典型的身份犯。所谓身份犯，是指构成要件要求自然人犯罪主体具有特殊身份或者刑罚的加重减轻以具有特殊身份为前提的犯罪。身份犯包括两类：一类是真正的身份犯，另一类是不真正的身份犯。前者是指以特殊的身份作为犯罪构成要件的犯罪。在这种情况下，如果自然人行为主体不具有特殊身份，就不成立犯罪。这种身份又可以称为构成的身份。刑法第 271 条的职务侵占罪是典型的真正身份犯。后者是指特殊身份并不影响定罪，但是影响量刑的情况。在这种情况下，如果自然人行为主体不具有特殊的身份，也能成立犯罪。但是，如果具有这种身份，则该行为人可能要受到从重处罚或者从轻处罚。这种身份又可以称为加减的身份。例如，关于非法拘禁罪，刑法第 238 条第 1 款规定，非法拘禁他人或者以其他方法非法剥夺他人人身自由的，构成非法拘禁罪。从该款看来，构成非法拘禁罪并不需要特殊身份，即非法拘禁罪并非真正身份犯。但是，同条第 4 款规定国家机关工作人员利用职权犯前三款罪的，依照前三款的规定从重处罚。身份对量刑发生了影响，因此非法拘禁罪应当是不真正的身份犯。

对于不真正的身份犯而言，因为构成这种犯罪并不需要特定身份，因此具有特殊身份的人与不具有特殊身份的人可以构成该种犯罪的共同犯罪没有疑问。对于真正的身份犯，不具有特定身份的人难以单独构成这种犯罪。但是，真正的身份犯要求具有特殊身份只是针对正犯而言，不具有特殊身份的人与具有特殊身份的人仍然可以构成共同犯罪。因此，在上述案例中，不具有特殊身份的蔡某某仍然可以与具有特殊身份的朱某某和何某某构成职务侵占罪的共同犯罪。

问题是蔡某某在事实上实施了与何某某共同将单位财物非法占为己有的行为，那么蔡某某究竟是本罪的实行犯还是帮助犯？如果蔡某某能够被认定为职务侵占罪的实行犯，那么则存在被作为主犯处罚的可能。如果蔡某某被认定为职务侵占罪的帮助犯，那么则不存在被作为主犯处罚的可能，即只能被认定为从犯。因此，确定蔡某某是实行犯还是帮助犯直接关系到蔡某某的刑事责任的大小，关系到其量刑的轻重。

应当承认，无身份者的蔡某某作为“无身份有故意的工具”，构成从犯（帮助犯），这是从共犯处罚根据论和对实行行为进行实质的解释可以得出的妥当结论。这是因为，一般来讲，被教唆者即无身份者是因为与有身份者共同地引起了对真正身份犯保护法益的侵害结果，并通过有身份者的身份而连带地具有了违法性。一般情况下，有身份者对结果的发生处于支配的地位，因此，无身份者一般可以构成真正身份犯的从犯（帮助犯）。例如，在监管人员唆使被监管人殴打或者体罚虐待其他被监管人的情况下，监管人员对结果的发生处于支配地位，就可以认定被唆使人构成帮助犯。在本案中，具有身份的朱某某与何某某对整个事态起支配作用，因此应当在职务侵占罪中认定为主犯。与此相反，蔡某某处于从属地位，在整个事态中起着配角的作用。而且，尽管蔡某某事实上实施了非法占有单位财物的行为，但是，这种占有行为只是事实上的实行行为，在规范的评价上，蔡某某的行为难以被评价为实行行为。因此，蔡某某在该案件中只能认定为帮助犯，即作为从犯处罚。

黄某某明知是侵吞的白钨精矿而予以存放的行为是否与朱某某、何某某、蔡某某构成职务侵占罪的共同犯罪？关键仍然是要看黄某某与朱某某、何某某、蔡某某之间是否符合共同犯罪的成立条件，即是否具有共同犯罪的故意和共同犯罪的行为。如果黄某某与上述三人事先约定，三人侵吞的单位财物由黄某某存放，那么就难以否定黄某某与其他三人之间具有共同的犯罪行为。客观上，黄某某负责藏匿赃物，其他人负责实施职务侵占罪的实行行为，二者之间分工合作，相互协作，共同促进了犯罪结果的发生。因此，黄某某与其他三人应当成立职务侵占罪的共同犯罪。

问题是在本案中黄某某事先并没有与其他三人共同约定，而是在其他三人将白钨精矿运出之后，找其存放的。因此，认定黄某某与其他三人构成职务侵占罪的共同犯罪存在疑问。这在刑法理论上属于事后帮助的情况。在事后隐匿赃物、藏匿犯人、湮灭证据等的行为，尽管是对犯人的帮助行为，但是并非对犯罪行为本身的帮助。虽然理论上称之为事后帮助，但是在正确的意义上而言，这里并不构成作为共犯的一种的从犯的情况。① 事后帮助之所以不构成共同犯罪，根本原因在于事后帮助并非对犯罪行为本身的帮助，因为在此情况下，前一犯罪行为已经既遂。因此，在主观上事后帮助的行为人与前一犯罪的行为人之间不可能就前一犯罪存在共同的犯罪故意。而且，既然犯罪结果已经发生，客观上事后的帮助行为难以对前一犯罪的结果发生起到促进作用。总之，事后帮助行为并不符合共同犯罪的基本成立条件。所以，事后帮助尽管具有帮助犯之名，但是实质上并不具有帮助犯之实，因此难以构成帮助犯。

一般情况下，各个国家对于事后的帮助行为均作为独立犯罪加以规定。对于藏匿犯人的行为往往以窝藏、包庇罪予以处罚；对于湮灭证据等的行为往往以毁

---

① ［日］团藤重光著：《刑法纲要总论》，创文社 1991 年版，第 414 页。

灭、伪造证据罪加以处罚；对于隐匿赃物等的行为则论以赃物犯罪。我国刑法也不例外，对于事后的帮助行为，在刑法分则第六章妨害社会管理秩序罪第二节中，分别规定了毁灭、伪造证据的犯罪，窝藏、包庇的犯罪以及掩饰、隐瞒犯罪所得、犯罪所得收益的犯罪。在本案中，黄某某存放白钨精矿的行为，因为事前与其他三人没有共谋，因此并不构成职务侵占罪的共同犯罪。但是，黄某某的行为妨碍了被害单位对被害财产的恢复请求权，妨害了司法机关的正常追诉活动，因此应当以刑法第 312 条掩饰、隐瞒犯罪所得、犯罪所得收益罪予以处罚。

基于同样的理由，对于邓某某收购白钨精矿的行为，因为朱某某、何某某、蔡某某职务侵占罪的犯罪行为已经既遂，邓某某主观上事前与朱某某、何某某、蔡某某等三人既没有意思联络，客观上收购白钨精矿的行为也不能促进朱某某等三人的职务侵占罪犯罪结果的发生，因此邓某某的行为不构成职务侵占罪的共同犯罪。根据刑法第 312 条的规定，明知是犯罪所得及其产生的收益而予以窝藏、转移、收购、代为销售或者以其他方法掩饰、隐瞒的，构成掩饰、隐瞒犯罪所得、犯罪所得收益罪。因此，邓某某的行为符合本罪的犯罪构成，应当构成掩饰、隐瞒犯罪所得、犯罪所得收益罪。

如上所述，黄某某、邓某某存放、收购白钨精矿的行为作为事后帮助行为，不构成职务侵占罪的共同犯罪，而另外构成掩饰、隐瞒犯罪所得、犯罪所得收益罪。那么，何某某在黄某某处存放白钨精矿、向邓某某销售白钨精矿的行为如何处理？何某某的行为构成掩饰、隐瞒犯罪所得、犯罪所得收益罪的共同犯罪，还是可以完全评价在前面的共同犯罪中？职务侵占罪显然属于状态犯的情况。所谓状态犯，是指由于法益侵害的发生犯罪事实终了，此后尽管法益的状态还在继续，但是已经不能认为是犯罪事实了。对于状态犯，事后的违法状态当然能够完全评价在该犯罪的构成要件内。因此，在该范围内不再构成其他犯罪。例如，即使盗窃犯消费赃物或者破坏赃物，这一切还是完全可以在盗窃罪的范围内得到评价，因此不另外构成侵占罪或者毁坏物品罪。这些行为被称为不可罚的事后行为。但是，如果存在有关的构成要件难以完全评价的违法行为，这些行为当然另外构成其他的犯罪。例如，用盗窃的短刀杀人，构成故意杀人罪自不待言。①

在此需要注意以下两点：一是所谓不可罚的事后行为并非像其名称所表明的那样，意味着该行为不可罚。事实上不可罚的事后行为仍然具有可罚性，只是因为往往不能单独作为其他犯罪处罚，多数可以评价在前行为中，因此又称之为共罚的事后行为。二是不可罚的事后行为可能有两种处理后果，一种情况是完全评价在前行为中，不再单独处罚，另一种情况是要作为其他新的犯罪单独处罚。其区别的关键在于是否侵犯新的法益，是否具有期待的可能性。②

---

① ［日］团藤重光著：《刑法纲要总论》，创文社 1991 年版，第 131 页。

② 张明楷著：《刑法学》（第四版），法律出版社 2011 年版，第 432 页。

在本案中，何某某存储、销售白钨精矿的行为属于典型的事后不可罚的行为。对于职务侵占罪这种状态犯而言，本犯的事后存储、销售赃物的行为完全可以评价在职务侵占罪之中。而且，本犯的事后存储、销售行为并没有侵害新的法益，对于本犯而言也缺乏期待的可能性。因此，何某某作为本犯储存、销售职务侵占罪赃物的行为不再构成其他犯罪。换言之，何某某的行为不再构成掩饰、隐瞒犯罪所得、犯罪所得收益罪。这不仅指不再构成掩饰、隐瞒犯罪所得、犯罪所得收益罪的正犯，而且也不构成该罪的共犯即教唆犯、帮助犯。因为既然前一犯罪的行为人不能作为后续犯罪的实行犯处罚，那么作为后续犯罪更轻的教唆行为、帮助行为没有必要评价在后续犯罪中，即也完全可以评价在前一犯罪行为中。当然，这并不否定其他人仍然可以构成后续犯罪的教唆犯、帮助犯的情况。

4．范某某等涉嫌抢劫案

【基本案情】

2005年4月3日20时许，被告人李某伙同同案人范某某、朱某某、黄某某骑摩托车窜到某省汝城县县城西正街被害人何某某的手机店，由同案人范某某进行人员分工后，被告人李某及同案人黄某某在手机店外马路上骑着摩托车望风及接应，由同案人范某某、朱某某进入店内假装购买手机，趁被害人何某某不注意时，将被害人何某某拿出来让其挑选的一部易拓889手机和一部三星E318手机拿起来就向店外跑。同案人范某某看到被害人何某某绕过柜台出来追赶，顺手捡起店内的一把木凳打向被害人何某某。二人迅速跑出店外，由被告人李某和同案人黄某某骑摩托车接应后四人逃离县城。经鉴定，何某某为重伤；被抢夺的两部手机价值2720元。事后，被告人李某及同案人范某某分得其中的一部手机，但因两人没谈妥手机的归属而发生争吵，同案人范某某遂将该手机折断扔进了稻田里。案发后，被告人李某的家属代其赔偿了被害人何某某的手机损失1500元。

【主要问题】

1．四被告人是否构成共同犯罪？
2．四被告人应当如何确定罪名？
3．从李某、黄某某的望风、接应行为看，二人是认定为主犯还是从犯？
4．如何计算李某、范某某的犯罪数额？

【分析】

李某、范某某、朱某某、黄某某共同谋议实施抢夺行为，[①] 主观上四人具有共

① 该案究竟应当构成盗窃还是抢夺值得进一步思考。

同犯罪的故意，客观上具有共同的犯罪行为：四人进行了犯罪分工，由范某某、朱某某进店抢夺，由李某、黄某某在店外望风、接应。分工协作，互相促进，保证犯罪的顺利实现。因此，在抢夺罪的范围内四人构成共同犯罪应当没有任何疑问。

问题是当范某某、朱某某拿起被害人让其观看的两部手机向店外跑，范某某看到被害人何某某绕过柜台追赶他们时，顺手捡起店内的一把木凳打向被害人何某某，致何某某重伤的行为应当如何定性？根据刑法第 269 条的规定，犯盗窃、诈骗、抢夺罪，为窝藏赃物、抗拒抓捕或者毁灭罪证而当场使用暴力或者以暴力相威胁的，依照刑法第 263 条的规定定罪处罚，即以抢劫罪定罪处罚。刑法第 269 条的规定属于事后抢劫的情况。构成事后抢劫要求满足以下三个条件：（1）犯盗窃、诈骗、抢夺罪；（2）当场使用暴力或者以暴力相威胁；（3）以窝藏赃物、抗拒抓捕、毁灭罪证为目的。本案中，范某某在与朱某某实施抢夺的过程中，为了抗拒抓捕，当场使用暴力将被害人何某某打成重伤，没有争议的是范某某应当构成事后抢劫。那么，其他三人是否能够构成事后抢劫的共同犯罪？回答应当是否定的。一方面，朱某某、李某、黄某某并没有事后抢劫的故意。对于李某、黄某某而言，由于二人在店外望风、接应，二人对于范某某在店内为了抗拒抓捕实施暴力的情况根本不知情，因此与范某某之间缺乏事后抢劫的共同意思联络。对于朱某某而言，在范某某为了抗拒抓捕实施暴力行为时，朱某某也不知情，因此朱某某与范某某之间也缺乏事后抢劫的故意。另一方面，朱某某、李某、黄某某没有参与事后抢劫的暴力行为，因此客观上没有与范某某形成共同的抢劫行为。所以，朱某某、李某、黄某某与范某某不构成事后抢劫的共同犯罪。

总之，在本案中，范某某应当定抢劫罪，而朱某某、李某、黄某某构成盗窃罪。那么，在范某某的行为性质发生变化后，四人是否仍然成立共同犯罪？该问题实际上就是共同犯罪的本质问题，即二人以上的行为在哪些方面是共同的才能够成立共同犯罪问题。对此，国外刑法理论存在两种对立的观点，即犯罪共同说和行为共同说。坚持犯罪共同说的学者认为，共同犯罪必须是数人共同实施特定的犯罪，或者说二人以上只能就完全相同的犯罪成立共同犯罪。行为共同说则认为，共同犯罪是指二人以上共同实施了行为，而不是共同实施了特定的犯罪。换言之，即使各人以共同行为实施各自的犯罪时也能够成立共同正犯。具体而言，成立共同犯罪在客观方面并不要求实施过相同的特定犯罪，而只要求行为具有共同性即相互联系、密切配合、相互协作就可以了。在主观方面，也不要求数人之间必须具有实现相同犯罪的意思联络，只要就实施行为具有意思联络即符合共同犯罪的主观要件。

在我国刑法学上，可以说犯罪共同说是多数说。很显然，如果按照严格的犯罪共同说，本案中的范某某与朱某某、李某和黄某某之间并不成立共同犯罪。由此带来如果不能认定四人成立共同犯罪，则难以计算四人的犯罪数额的问题。所以，应当说犯罪共同说存在弊端，难以满足公正解决各人刑事责任的问题。如果能够在行为共同说的基础上，认定范某某与朱某某、李某和黄某某之间仍然成立共同犯罪，则可以合理解决四人各自的刑事责任问题。

接下来需要讨论的是李某、黄某某的望风、接应行为究竟是共同正犯行为，还是帮助行为的问题。所谓望风行为，是指在犯罪实行的现场或者与此接近的地方，为了犯罪的实行行为顺利地进行，而予以排除障碍，防止犯罪行为被发现，以及以犯罪更容易完成为目的的其他行为。犯罪的望风行为究竟是共同正犯行为还是帮助行为，这个问题的解答在司法实务上具有重要的意义，因为如果确定是共同正犯行为，则存在被认定为主犯的可能，如果只是被认定为帮助犯，则只能成立从犯，因此对行为人的量刑起着至关重要的作用。总之，是判断为正犯还是判断为共犯不纯粹是个名称的问题，还包括着实质的评价的意义。

在前往犯罪现场协力犯罪遂行的意义上，具有被认为与亲自实行犯罪的实行行为的人构成共同实行犯罪的共同正犯的可能。反过来看，仅把望风行为单独割裂开来考察时，因为在严格的意义上并非亲自担当犯罪的实行行为的人，所以有被认定为帮助犯的可能。

望风行为究竟是共同正犯还是帮助犯，该问题实际上是与如何考虑共同正犯的成立条件，进一步地如何考虑实行行为的概念，以及如何区分正犯行为与从犯行为的共犯的本质问题相关联的重要问题。换言之，该问题归根结底是要根据如何考虑正犯与共犯的区别的标准来决定。关于正犯与共犯区别的标准，一般而言，有主观说、实质的客观说、形式的（定型的）客观说，再加上主观说与客观说的折中说以及共谋共同正犯的理论。

主观说把重点放在作为人的意思上，认为在参与犯罪时，以亲自实现犯罪的意思而实施行为的是正犯。仅以加担他人的犯罪的意思实施行为的是从犯。但是，究竟是正犯还是共犯应当是个关于行为人的行为的客观性质如何的问题。主观说仅以行为的主观方面作为区别的标准，忽视了行为本身客观的侧面，受到具有不当放宽正犯概念的危险的批判。尽管过去在德国判例上可以看到主观说的例子，但是在日本刑法学上几乎没有人再坚持主观说。

与此相反，客观说则是把重点放在实行犯罪时行为人分担的行为上。其中，实质的客观说根据该行为是否具有对于实现犯罪不可或缺的重要影响或者带来危险性为标准区别正犯和从犯。形式的客观说则根据有无分担实行行为（符合构成要件的行为）作为标准，分担了实行行为的人是正犯，没有分担实行行为的人是从犯。日本多采纳实质的客观说。

着眼于行为人的主观方面和行为的客观方面，通过综合判断主观方面和客观方面，以区别正犯与从犯的是折中说。但是，客观说也并非完全不考虑行为人的主观方面，因此在此意义上折中说与客观说没有实质的区别。

从结论上而言，根据主观说，担当望风行为的人如果具有实现自己犯罪的意思，就构成共同正犯；如果只是具有对他人的实行行为予以帮助的意思，那么只能构成从犯。如果彻底坚持形式的客观说，把望风行为认定为共同正犯是非常困难的。实质的客观说则依据望风行为的样态，根据望风行为与实行行为的紧密程度、不可欠缺的程度，确定是构成正犯还是从犯。

另外，根据共谋共同正犯理论，如果存在共谋的事实，即使没有分担实行行为，也能够认定成立共同正犯。因此，与共谋有关的望风行为全部都可以认定为共同正犯。根据共谋共同正犯理论，不仅参与共谋，而且前往犯罪现场积极协助犯罪实现的望风行为，只要具有共谋，当然可以构成共同正犯。

此外，还有主张整体考察的见解。例如，日本的小野清一郎博士从整体考察犯罪行为的观点出发，实行行为的有无应当从二人以上的行为作为整体进行考察，而不应该切断各个行为进行考察。在此意义上，不仅直接实施实行行为的人，而且共谋犯罪并分担了犯罪的望风行为的人，不是帮助犯，而应当认定为共同正犯。另外，木村龟二博士也认为，在实现共同意思的意图下所实施的望风行为，应当构成共同正犯。①

在德国刑法学上占支配地位的是犯罪支配理论。根据该说的功能性支配理论，多人共同实施犯罪行为时，通过各自的功能性支配，支配了整个犯罪事实的，成立共同正犯。形成功能性支配需要具备三个方面的条件：第一，在共同的行为人之间存在共同的犯罪计划，因为各行为人的具体分工以及共同实行的分担都需要以犯罪计划为前提。第二，在犯罪的实行阶段参与了犯罪的实行。第三，在犯罪的实行阶段对整个犯罪作出了重大的贡献，即对于犯罪的完成承担了不可或缺的功能。

概而言之，主观说存在明显的缺陷。形式的客观说尽管容易被我国刑法学者所接受，但是严格地讲，形式的客观说并没有提供明确的标准。这是因为，何谓实施符合构成要件的行为并不明确。如果不是从实质上考察构成要件行为，则很难界定实行行为的性质。犯罪支配理论应当得到支持，因为该理论更符合我国刑事立法对于主犯、从犯的划分。具体而言，凡是对构成要件事实起支配作用，或者说对法益侵害、危险结果起支配作用的都是正犯。因此，行为人自己实施符合构成要件的行为直接导致法益侵害、危险结果的是直接正犯；行为人通过优越的意思支配他人导致法益侵害、危险结果的是间接正犯；共同地对造成法益侵害、危险结果起实质的支配作用的是共同正犯。②

在本案中，李某伙同同案人范某某、朱某某、黄某某在实施抢夺罪之前制定了详细的犯罪计划，整个案件事实基本上是按照事前的计划实施的。而且，各行

---

① ［日］大塚仁、河上和雄等编：《大注释刑法第5卷》（第二版），青林书院1999年版，第388～389页。

② 张明楷著：《刑法学》（第四版），法律出版社2011年版，第356～357页。

为人按照犯罪计划进行了实行分工，即由范某某、朱某某实施抢夺行为，而由李某、黄某某在外望风、接应，因此李某、黄某某的望风、接应行为应当认为是对抢夺罪实行行为的分担。再者，李某、黄某某的望风行为对犯罪的顺利完成起到了不可或缺的作用。因此，李某、黄某某的望风行为仍然应当认定为抢夺罪的实行行为，二人构成抢夺罪的共同正犯。纵观全案，范某某、朱某某、黄某某、李某的作用相当，均应当作为抢夺罪的共同正犯看待。换言之，四人没有必要区分主从犯，分别按照各自的作用处罚。

最后，需要讨论本罪的犯罪数额的计算问题。如上所述，共同正犯的处罚原则是部分实行全部责任的原则，即只要实施了犯罪的部分实行行为，行为人就应当对整个犯罪的全部结果承担责任。因此，本案中行为人李某、范某某、朱某某、黄某某都应当对本罪的犯罪既遂的结果承担刑事责任。只不过需要注意的是，范某某承担抢劫罪既遂的刑事责任，此外的三人承担抢夺罪既遂的责任。抢劫罪、抢夺罪作为财产犯，一般而言，应当以取得财物为既遂，既然上述四人已经取得被害人的财物，所以都应当负犯罪既遂的责任。尽管被告人李某及同案人范某某分得其中的一部手机，二人因为没谈妥手机的归属发生争吵，最后同案人范某某将该手机折断扔进了稻田里，没有人最后分得财物，但是，李某、范某某仍然应当承担犯罪既遂的责任。在具体数额的计算上，本罪的犯罪既遂数额是两部手机的全部价款即2720元，即每个行为人既遂的数额都应当是2720元，而不按照实际的分赃数额计算。行为人事实上是否分得赃物，只能作为量刑时的酌定情节考虑。总之，李某、范某某犯罪既遂的数额也是2720元。

5. 王某等人涉嫌聚众斗殴案

【基本案情】

2000年10月间，王某、胡某某，丁某某，苗某某、毛某某、季某某等人与洪某某、黄某、权某某、任某某、徐某、魏某某等人为争夺承包某省某市某区洪家镇西王村工业园区工地填土工程，因双方协商不成，由中间人邹谋提议，双方以斗殴决定输赢，输方退出承包。同月28日，王某、胡某某、丁某某，苗某某、毛某某、季某某等人分别纠集被告人叶某、缪某、胡某、张某、沈某等70余人，并准备了刀、土制手雷、汽油弹、手套等工具，分派张某、沈某等人望风，其他人员在洪家镇义民纸箱厂集中。当日下午3时许，洪某某、黄某、权某某、任某某、徐某、魏某某纠集被告人潘某、齐某某等30余人，携带刀等凶器，乘一辆皮卡、两辆柳州五菱汽车赶至义民村洪兆路口。此时，邹某已经事先赶到现场。在邹某的指令下，双方开始持械斗殴。王某首先掷出土制手雷爆炸，由于混乱之中分不清双方的人员，误将本方的胡某某当场炸死。随后，洪某某方见到情况严重遂弃车逃走。于是，胡某某等人冲上敲砸对方所弃车辆（致损失人民币1.17万元）。

此次斗殴中，还造成王某方自伤2人（轻微伤）等后果。

【主要问题】

1. 本案属于共犯类型的哪一种？
2. 本案中所有参与人是否都应当以共犯处罚？
3. 本案中邹某是否构成聚众斗殴罪？
4. 本案中王某应当如何定罪？

【分析】

共同犯罪根据不同标准可以分为不同形式。所谓共同犯罪的形式，就是指共同犯罪的形成、内部结构或者共同犯罪人之间的结合方式。例如，以共同犯罪故意形成的时间为标准，可以将共同犯罪分为事前通谋的共同犯罪和事前无通谋的共同犯罪。事前通谋的共同犯罪，是指各个共同犯罪人在着手实行犯罪之前，进行了商议或者谋划，并在此基础上形成共同犯罪故意的共同犯罪。事前无通谋的共同犯罪，则是指各个共同犯罪人在开始着手实行犯罪时或在实行犯罪过程中形成共同犯罪故意的共同犯罪。根据各个共同犯罪人是否都是实行犯，即根据共同犯罪人的分工不同，可以将共同犯罪分为简单的共同犯罪和复杂的共同犯罪。简单的共同犯罪，是指各个共同犯罪人没有分工，都直接实施刑法分则的某一具体犯罪的构成要件的客观要件行为的共同犯罪，亦即各个共同犯罪人都是实行犯的共同犯罪。复杂的共同犯罪，则是指各个共同犯罪人之间存在着实行犯和非实行犯分工的共同犯罪，即各个共同犯罪人有的实施教唆行为，有的实施实行行为，有的实施帮助行为的情况。按照共同犯罪有无组织形式，共同犯罪分为一般共同犯罪和集团共同犯罪。一般共同犯罪，是指二人以上没有特定组织形式的共同犯罪。所谓没有特定组织形式，是指没有形成犯罪集团这种较为固定的犯罪组织。集团共同犯罪，即集团犯罪，是指由犯罪集团所实施的共同犯罪。[①]

此外，如果按照是否必须由二人以上共同实施，可以分为任意的共同犯罪与必要的共犯。任意的共犯，是指一人可以实行的犯罪，由二人以上共同实行的情况。而必要的共犯，则是指刑法分则所规定的，必须由二人以上共同实行的犯罪。必要的共犯又可以分为以下几类：第一，对向犯，是指以存在二人以上的相互对向的行为为要件的犯罪，如重婚罪、贿赂罪等。第二，集团共同犯罪。第三，聚众共同犯罪，即由首要分子组织、策划、指挥众人所实施的共同犯罪。聚众共同犯罪又分为两种：一种是本身即属于共同犯罪的聚众犯罪，如刑法第292条的聚众斗殴。另一种是是否属于共同犯罪需要依据案件的具体情况而定的聚众犯罪。

---

① 李文燕、杨忠民主编：《刑法学》（第三版），中国人民公安大学出版社2011年版，第149～150页。

例如，刑法第291条规定的聚众扰乱公共场所秩序、交通秩序罪，只处罚首要分子，而不处罚其他参与人。所以，当首要分子必须是二人以上时，才可能构成共同犯罪。

本案王某、胡某某、丁某某、苗某某、毛某某、季某某等人与洪某某、黄某、权某某、任某某、徐某、魏某某等人之间的犯罪行为，就属于必要共犯中的聚众共同犯罪的第一种情况，应当属于典型的必要共犯。根据刑法第292条的规定，成立聚众斗殴罪要求必须是聚众实施，因此两人之间的斗殴不构成聚众斗殴。而且，本罪至少要求双方实施斗殴。因此，本罪必然构成必要的共犯。

根据刑法第292条的规定，聚众斗殴罪只处罚首要分子和其他积极参加的人。因此，在本案中并非凡是参加聚众斗殴的都应当受到处罚。对于那些被诱骗、被胁迫参加的人一般不能以聚众斗殴罪予以处罚。因此，在此适用刑法总则的规定应当受到一定限制。换言之，在此刑法分则的规定具有优先适用的效力，即对于其他参加的人不能再适用刑法总则关于共同犯罪的一般规定加以处罚。这是因为，正如本案所显示的那样，聚众斗殴罪往往涉及的人数比较多，立法之所以明确规定只处罚首要分子和其他积极参加者，目的就是发挥刑法的谦抑作用，实现刑法的社会秩序的控制机能，限定刑法的处罚范围。一言以蔽之，刑法之所以这样规定，往往并非考虑其他参加者没有违法性或者责任。之所以不处罚其他参加者，可以说主要是基于刑事政策的考量。

问题是，对于必要的共犯是否完全否定适用刑法总则关于共同犯罪的一般规定，而不处罚教唆犯和帮助犯呢？应当认为，像刑法第292条所规定的那样，法并没有排斥对教唆犯、帮助犯的处罚，还难以否定可以适用刑法总则关于共同犯罪一般规定处罚教唆犯和帮助犯。从实质上看，教唆他人实施聚众斗殴的，或者为聚众斗殴提供器械等帮助行为的，本身具有实质的违法性，而且并不缺乏期待的可能性。因此，也有必要予以处罚。在本案中，行为人邹某唆使双方斗殴，甚至整个案件事态都随着邹某的设想发展，因此，邹某至少应当承担教唆犯的刑事责任。

接下来需要讨论王某的刑事责任。对于王某在聚众斗殴中抛出土制手雷，导致手雷爆炸，把胡某某当场炸死的事实，根据刑法第292条第2款的规定，聚众斗殴，致人重伤、死亡的，依照刑法第234条故意伤害罪、第232条故意杀人罪定罪处罚的规定，王某应当定故意杀人罪，即王某的行为转化为故意杀人罪。刑法第292条第2款的规定属于法律的拟制。因此，行为人在斗殴中并没有杀人的故意，但是客观上致人重伤、死亡的，就应该认定为故意伤害罪、故意杀人罪。在此，所谓重伤、死亡，并不限于导致斗殴的对方成员的重伤、死亡，即使斗殴行为导致本方成员重伤、死亡的，也应该认定为故意伤害罪、故意杀人罪。这是因为，刑法第292条第2款的规范目的是要保护斗殴中的他人身体、生命法益，至于被害人是否本方成员，都不违反规范的目的。所以，在本案中，王某应当以刑法第232条的规定认定为故意杀人罪。

在此，特别需要注意的是，本案中只有王某一个人转化为故意杀人罪。鉴于聚众斗殴的特殊性，根据责任主义原则，只应当对直接造成死亡的斗殴者和首要分子认定为故意杀人罪，对于其他积极参加的人不宜认定为故意杀人罪。而且，当不能查明死亡原因的情况下，也不宜将所有的斗殴的人均认定为故意杀人罪，仅应对首要分子以故意杀人罪论处。

（二）思考案例

1. 案例一

被告人王某某，21周岁；

被告人贾某某，15周岁。

2010年2月8日，被告人王某某、贾某某在贾某某租住的位于某省某市宝塔区高家园则房子内闲聊时，谈到过年无钱花，二被告人遂产生抢劫犯意。因被告人贾某某曾在宝塔区北关街××酒店从事过保安工作，知道××酒店有大量现金，且容易得手，故贾某某提议抢劫××酒店。2月9日晚，被告人贾某某给王某某草拟了××酒店大厅图纸，并对抢劫作案进行分工，由王某某负责控制值班保安，贾某某负责抢劫大厅吧台的现金。2月10日凌晨4时许，贾某某携带菜刀、王某某携带钳子等作案工具从高家园则出发，乘坐出租车来到××酒店附近的中国银行门口下车。4时23分许，被告人贾某某进入××酒店大厅，发现大厅只有值班保安、吧台女服务员，且已睡着，后退出酒店。贾某某将××酒店大厅情况告诉了王某某后，害怕王某某持钳子控制不住保安，同王某某互换了作案工具。4时46分许，被告人贾某某携带钳子、王某某携带菜刀并分别戴头套蒙面进入酒店大厅，王某某走到大厅沙发前，持菜刀架在沙发上睡觉的保安何某某的脖子上。贾某某随后进入酒店大厅翻入吧台内，持钳子威胁女服务员不许动，并对吧台抽屉内现金进行抢劫，抢得人民币共计5350元。与此同时，被惊醒的保安何某某准备起身反抗，被王某某用菜刀刀背在其头后脑部猛击数下，致其死亡。二被告人逃离现场后，乘出租车到宝塔区××大酒店，贾某某将作案工具钳子扔进一垃圾桶，后又乘出租车到七里铺××大酒店，又转出租车到火车站附近的××招待所进行分赃，贾某某得赃款2700元，王某某得赃款2650元。并先后将作案工具菜刀及作案时所穿的衣物扔到高家园则巷内一垃圾台。经鉴定，何某某系被他人用钝器多次打击后枕部致重度闭合性颅脑损伤并脑疝而死亡。

问：（1）被告人王某某、贾某某是否构成抢劫罪的共同犯罪？

（2）被告人王某某、贾某某谁是抢劫罪的实行犯？

（3）被告人王某某对被害人何某某的死亡持什么主观心理？

（4）被告人贾某某是否要对何某某的死亡负责？

（5）被告人贾某某应当如何处罚？

2. 案例二

被告人刘某某、梁某某、蔡某某、李某、李某某均为QQ网友。2006年3月底，潍坊人刘某某针对工行网上银行编写了一套木马程序，并通过QQ将该程序卖给娄底人梁某某等人。2006年7月至8月，梁某某利用该程序截获银行账号及密码，盗得9700余元。2006年6月，武汉人蔡某某制作了虚假的银行网站，窃取储户的银行账号及密码，并通过QQ和梁某某取得联系。梁某某指使娄底老乡李某在广州为其购买银行卡，与蔡某某换取了部分盗取的账号和密码。当年7月至8月，蔡某某将多名储户的存款共计13.7万余元转至梁某某的银行卡上。2006年7月至8月，梁某某指使张家口人李某某帮助整理其非法获取的银行账户资料，后盗得6395元，李某某盗得4740元，李某某在银行取现时被警察当场抓获。

问：(1) 五名被告人是否具有共同犯罪行为?

(2) 如何计算五名被告人的犯罪数额?

(3) 如何认定五名被告人的犯罪形态?

3. 案例三

本案被告人或被告单位为：被告人任某、被告单位华某公司、被告人邱某某。被告人邱某某为华某公司总经理。2007年7月，被告人任某在泰国认识了做矿石生意的泰国人陈某某。2008年2月，在回国了解国内矿石市场的情况后，被告人任某向陈某某表明了购买意向，并经陈某某介绍认识了被告人邱某某，商定由邱某某为任某包税进口矿石，一个20英尺货柜的锌矿石的包税费为2.5万元人民币，一个20英尺货柜的铅矿石的包税费为3万元人民币，包税费包含货物进口所需缴纳的海关税费、检测费等全部费用。货物清关后由被告人任某自行到码头提货。被告人邱某某再以华某公司名义以每个货柜1.35万元至2万元人民币不等的价格转包给深圳市佳某某进出口贸易有限公司（以下简称佳某某公司）总经理耿某某。

2008年4月，被告人任某向陈某某购买了5个20英尺货柜矿石，其中1个货柜是锌矿石，4个货柜是铅矿渣。2008年5月初，这5个货柜从泰国装船后，陈某某在泰国的发货人“小江”打电话给被告人邱某某，明确说4个货柜的铅矿石实际上是铅矿渣。2008年5月15日，耿某某委托广州新某某国际货运代理有限公司向黄埔老港海关申报进口该4个货柜共90800千克铅矿砂。海关查验部门开柜查验发现货柜内所装货物与申报不符，于是对货物进行查扣并进行商检。经深圳市出入境检验检疫局鉴定，该90800千克铅矿砂主要为含铅的冶炼渣，属于禁止进口的固体废物。

问:（1）被告人任某、被告单位华某公司是否构成共同犯罪?

（2）作为华某公司的总经理邱某某与华某公司之间是否是共犯关系?

（3）根据刑法第152条第2款、第3款走私废物罪的规定，如何处罚被告人任某、被告单位华某公司、被告人邱某某?

4. 案例四

2008年10月间，被告人陈甲从网上认识了“熊猫”（另案处理），双方约定由陈甲帮“熊猫”在山东省青岛市各大银行开设银行卡，每成功开设一张银行卡给予100元的好处费，每开通一张银行卡网上银行业务功能的给予100元的好处费。此后，陈甲在青岛市以其亲友陈乙、吴某某、王某某等人的真实身份，分别在农业银行、工商银行、建设银行等开设了12张银行卡，其中3张银行卡开设了网上银行业务功能，交给“熊猫”派来的“啤酒”（另案处理）后，收取好处费1500元。

2008年11月13日至14日间，同案人“熊猫”、“啤酒”等人经密谋后，以向社会上不特定电话用户打电话的方式拨打了被害人庄某某的电话，分别冒充电信部门、司法机关的工作人员，用谎称被害人的身份资料被盗用，在电信局开通了电话并欠费，银行账户内的存款涉嫌诈骗及洗黑钱，要冻结被害人的账户，如需尽快解冻，就要将银行账户内的存款转入指定的银行账户内进行监管的方法，诈骗被害人庄某某220万元。其中50万元汇入陈甲以陈乙的身份开设的农业银行的账户，并于同日被全部提取。此外，同年11月14日，以王某某、吴某某的身份开设的农业银行账户内也分别转入4万元、10万元，并分别于当日或次日被全部提取。之后，被告人陈甲又帮助同案人“熊猫”、“啤酒”等人在青岛等地多次取款约320余万元，每次提款均收取100元的好处费。其中，在提取最后一笔款项240万元时，被公安机关当场抓获。

问:（1）被告人陈甲与“熊猫”、“啤酒”是否构成共同犯罪?

（2）被告人陈甲在犯罪中是实行犯还是帮助犯?

（3）被告人陈甲诈骗犯罪行为在什么时间是既遂?

（4）如何计算被告人陈甲的犯罪数额?

5. 案例五

2009年8月，山西阳泉的卢某指使被告人张某为其从福建福州运输毒品至山西阳泉。2009年8月22日，张某找到被告人刘某某，并指使刘某某坐火车由石家庄至北京转机至福州接毒品，而后从福州乘坐长途客车回石家庄。8月25日下午，刘某某携毒品至石家庄长途客运总站时被当场抓获。经鉴定，该毒品检出甲基苯丙胺成分，重167.8902克。

问:（1）被告人张某是运输毒品罪的实行犯还是教唆犯?

（2）审判机关认为张某为贩毒人员运输毒品，起主要作用，为主犯，是否妥当？

（3）审判机关认为刘某某为赚取少量运费受张某指使参与犯罪，在犯罪过程中毒品的交接及运输方式均受张某等指挥与控制，在共同犯罪中起次要作用，为从犯，是否妥当？

（4）被告人张某、刘某某所犯运输毒品罪在何时构成犯罪既遂？

八、一罪与数罪

（一）案例分析

1. 陈某、马某涉嫌破坏电力设备案，苏某涉嫌合同诈骗案

【基本案情】

案例一：2009年6月9日至6月25日间，陈某、马某伙同他人，经预谋，携带大力钳等作案工具，盗割上海市电力公司宝山供电分公司排设在宝山区淞南地区的多处正在使用中的铜芯电线。其中盗割规格为JKYJ1KV50平方毫米的铜芯电线共计222米，经评估价值人民币1940元；盗割规格为JKYJ－1KV70平方毫米的铜芯电线共计210米，经评估价值人民币4521元；盗割规格为JKYJ－1KV90平方毫米的铜芯电线共计80米，经评估价值人民币897元。

同年7月17日至7月30日，陈某、马某伙同他人，采用同样方法，盗割供电公司排设在本区铁山路宝杨路附近电线杆号为“40625杨东制品”2号至3号、富锦路近富谊路东侧电线杆号为“40551立交桥西”3号至4号、克山路近富锦路南侧电线杆号为“40540富锦集箱”1号至2号以及多处居民小区楼宇间的正在使用的铜芯电线。其中，规格为JKYJ－1KV95平方毫米的铜芯电线共计410米，经评估价值人民币4008元；规格为JKYJ－1KV50平方毫米的铜芯电线共计170米，经评估价值人民币1038元；规格为JKYJ－1KV70平方毫米的铜芯电线共计130米，经评估价值人民币1811元。

同年7月31日凌晨，陈某、马某伙同他人，采用同样方法，在盗割供电公司排设在富锦路富谊路东侧附近电线杆号为“40551立交桥西”3号至4号之间正在使用的规格为JKYJ－1KV95平方毫米的铜芯电线时被发现，陈某被当场抓获。

案例二：被告人苏某在担任太湖传媒文化投资有限公司总裁、太湖传媒文化投资有限公司北京文化传媒分公司负责人期间，于2008年1月至7月，虚构公司具有承接北京奥运会巡回演出活动的资格，利用伪造的太湖传媒公司与中国国际电视总公司、中国对外演出公司、第29届奥林匹克运动会组织委员会宣传部、浙江电视台、中视传媒股份有限公司、无锡市广播电视局和江苏省广播电视总台等单位签订的多份《演出合同书》、《合同书》，以投资迎奥运巡演活动可以获取利

润回报为由，以太湖传媒公司、太湖传媒北京分公司名义，并由其个人作为保证人与被害单位某投资有限公司北京咨询分公司先后签订多份《投资合作协议书》、《投资合作补充协议书》，骗取人民币1950万元、美元250万元（折合人民币1746.5万元）。后苏某将上述钱款主要用于偿还其所控制的公司的债务及经营使用。至2008年7月18日某投资北京分公司报案前，被告人苏某已归还该公司人民币1965.6万元，此后又归还人民币870万元，至今尚有人民币860.9万元未归还。

被告人苏某在担任太湖传媒北京分公司负责人，并实际经营北京森海信用担保有限公司期间，于2008年4月至10月，虚构公司具有承接北京奥运会巡回演出活动资格，将与第29届奥运会组委会宣传部、中国对外演出公司、中视传媒公司等单位共同举办迎奥运巡演活动的事实，以投资迎奥运巡演活动可以获取利润回报为由，以苏某个人或太湖传媒北京分公司名义，并由森海担保公司提供担保，与被害单位某信用投资担保有限责任公司先后签订《借款合同》、《投资合作协议书》，骗取某投资公司人民币1500万元。后在该公司多次催要下，被告人苏某谎称第29届奥运会组委会等单位拖欠其款项，以公司需要增资才能还款为由，以森海担保公司名义，并由太湖传媒公司提供担保与某投资公司签订《投资合作协议书》，骗取该公司人民币300万元。后苏某将上述钱款主要用于偿还其所控制的公司的债务及经营使用，至今给某投资公司造成人民币1800万元的损失。

【主要问题】

1. 什么是想象竞合犯？想象竞合犯与法条竞合犯的区别是什么？
2. 想象竞合犯的处罚原则是什么？
3. 案例一中的陈某、马某的行为和案例二中的苏某的行为如何定罪处罚？

【分析】

一、想象竞合犯及其成立条件

所谓想象竞合犯，又称想象并合罪、想象的数罪等，是指实施一个危害行为，却触犯数个罪名的犯罪形态。想象竞合犯在罪数的分类中属于实质的一罪。所谓实质的一罪，是指具有一定的数罪特征，但在实质上是一罪的特殊的罪数形态，包括想象竞合犯、结果加重犯、继续犯、接续犯和徐行犯。由于想象竞合犯等均只实施了一个危害行为，一个危害行为在一个案件中最终只能以一个犯罪来处理，所以，它们均属于实质的一罪。

我国刑法总则中虽没有规定想象竞合犯的概念，但在刑法分则的具体条文中，有关于想象竞合犯的规定，如刑法第329条第3款规定，有前两款行为（抢夺、窃取国有档案罪与擅自出卖、转让国有档案罪），同时又构成本法规定的其他犯罪的，依照处罚较重的规定定罪处罚。

想象竞合犯的成立要件：

1. 行为人实施了一个危害行为。这是想象竞合犯区别于实质数罪及牵连犯等犯罪形态的根本点。只要行为人实施了一个危害行为，无论其行为是作为还是不作为，其犯罪心理是故意还是过失，抑或故意与过失混合，均不影响想象竞合犯的成立。

2. 行为人所实施的一个危害行为本身具有多重属性或造成了多个不同性质的结果。前者例如，行为人盗窃正在使用中的变压器，此一危害行为就具有两种属性，一是变压器作为普通财物，其行为具有侵犯财产权的属性；二是正在使用中的变压器与电力安全密切相关，其行为具有危害公共安全的属性。后者例如，行为人甲出于报复而向乙开枪射击，射出的子弹击中乙致其死亡，但又穿出乙身体，致路人丙重伤。甲所实施的一个危害行为就产生了两个危害结果。

3. 触犯数个罪名，即行为人所实施的一个危害行为在形式上同时触犯刑法分则条文规定的两个以上不同种的罪名。这里有必要指出的是，在同种数罪名能否构成想象竞合犯的问题上，我国刑法学界存在两种观点：

第一种观点认为：一行为触犯数个同种罪名，当然是触犯数罪名，是同种数罪。其理由有以下几点：

（1）想象竞合犯的定义只说一行为触犯数罪名，并没讲明须触犯异种的数罪名，理应包括同种数罪名在内。

（2）被害法益的个数不限于同种或异种，只要受到一次侵害便触犯一罪，一行为侵害多个同一法益，理应认为是想象竞合犯。

（3）从符合构成要件的次数来说，一次符合就是触犯一罪名，数次符合就是触犯数罪名，不能因为犯罪构成要件是否相同而有差别。

（4）同种的数罪名和异种的数罪名，只是数个罪名的不同表现形式，二者没有本质的区别。

第二种观点认为：只有异种类的想象的数罪，才能构成想象竞合犯。因此，想象竞合犯只存在一种形式，就是一行为触犯数个异罪名，其理由有以下几点：

（1）从罪名上来说，只有数个不同的罪名，才是数罪名。数个相同的罪名，即使侵犯不同被害人的法益，仍然只是一个罪名，因而谈不到想象的竞合犯。

（2）从实际意义上来说，承认想象竞合犯的目的在于：在一行为所触犯的数罪名中，解决应按哪一个罪名定罪量刑的问题。同种类的想象竞合犯，在确定行为的罪名上不发生任何疑问，因而不把它作为想象的竞合犯，对审判工作没有任何实际影响。

（3）承认同种罪名的想象竞合犯可能导致重罪轻判，造成罪责刑无法达到一致，如行为人故意用枪击伤三人，致一人重伤，二人轻伤，如按想象竞合犯处理，则“从一重处断”，只对重伤他人的结果进行评价，而其他两轻伤结果则忽略不计，这显然造成罪刑严重不一致，枉纵了犯罪人，对受害人也极不公平。而若按一罪处理，则可综合评价，将致三人受伤的事实作为情节考虑，则可做到罪责刑平衡。

我国刑法理论一般认为第二种观点更为可取。

二、想象竞合犯与法条竞合的区别与联系

要正确理解想象竞合犯，必须要把握其与法条竞合的区别与联系。

法条竞合，又称法规竞合或法律竞合，是指一个行为同时符合数个法律条文所规定的犯罪构成要件，由于该数个法律条文之间存在着包容或交叉关系，因而只能适用其中一个法律条文而排斥其他法律条文适用的情形。

犯罪现象的复杂性，决定了刑法条文规定内容的错综交织，从而导致法条竞合问题的出现。在法条竞合的情况下，看似一个行为同时触犯了数个法律条文，符合数个犯罪构成，但是由于数个条文之间具有包容或者交叉关系，这表明行为仅是单纯的一罪，所以必须只适用其中一个条文，而排斥其他条文的适用。例如，刑法第 266 条规定的“诈骗罪”就与第 224 条规定的“合同诈骗罪”之间存在着法条上的包容关系，后者内容被前者内容全部包容；刑法第 266 条规定的“诈骗罪”与第 279 条规定的“招摇撞骗罪”之间存在着法条上的交叉关系，后者的部分内容与前者内容在一定程度上交叉叠合。

想象竞合与法条竞合具有四个共同特征：第一，都是只实施了一个犯罪行为；第二，触犯规定不同罪名的数个法条；第三，二者的法律本质都是一罪，而非数罪；第四，最终都适用一个法条并且按照一罪予以处罚。

但是二者是完全不同的概念，有着严格的区别。主要表现在：

1. 法条竞合是法律条文的竞合，所要解决的是法律条文的具体适用问题，因而属于法律条文适用关系的范畴；想象竞合犯是犯罪行为或者犯罪行为所触犯的不同罪名的竞合，所要解决的是犯罪中的罪数形态问题，因而属于犯罪的罪数形态的范畴。

2. 法条竞合是单纯的一罪亦即标准的一罪；想象竞合犯则是形式上的数罪，实质上的一罪。

3. 想象竞合不存在重合或交叉关系；法规竞合所涉及的规定不同种罪名的数个法条之间，必然存在重合或交叉关系，由一个犯罪构成可以恰当、全面地评价犯罪行为。例如，行为人甲出于贪财的目的，偷割使用中的通信电缆，欲作废铜处理，触犯盗窃罪与破坏公用电信设施罪。由于盗窃罪与破坏公用电信设施罪均无法单独、全面地评价该行为，必须用数个罪名对行为人的危害行为进行多重评价，只用一个罪名评价必然陷入以偏赅全的错误之中，因而本案中行为人的行为是想象竞合犯。

4. 法条竞合是由于刑事立法中法律条文的包容或者交叉关系所产生的，并不以行为人实施特定的犯罪行为为前提；想象竞合犯则是由于发生了特定的犯罪行为所产生的，使两个本来并无重合关系的法条建立起了偶然的关系，其出现于法典制定时是难以预见的。例如，规定诈骗罪的刑法第266条与规定票据诈骗罪的刑法第194条，均使用了“诈骗”这一动词，且诈骗的对象均为“财物”，据此就能确定二者之间具有法条竞合关系。反之，规定破坏电力设备罪的刑法第118条、第119条与规定盗窃罪的第264条，就不存在法条竞合关系。因为前者使用的动词是“破坏”，只要使电力设备丧失或者减少效用，就属于破坏，而不要求转移电力设备的占有；后者使用的动词是“盗窃”，要求转移财物的占有，而不要求使财物本身丧失或者减少效用。因此，一个行为能否同时触犯刑法第118条与第264条取决于案件事实。亦即如果行为人仅仅毁坏电力设备，就不可能同时触犯刑法第264条。只有当行为人将电力设备转移给自己或者第三者占有，同时使电力设备丧失或者减少效用时，才同时触犯刑法第118条与第264条。所以，后一种情形就不是法条竞合，而是想象竞合。①

5. 对于法条竞合的法律适用，通常采用特别法优于普通法，或者根据法律规定，采用重法优于轻法的原则；想象竞合犯的法律适用，则采用“从一重处断”原则。

三、想象竞合犯的处理原则

我国刑法中并无想象竞合犯的概念，自然也就没有规定想象竞合犯的处理原则。但刑法理论普遍认可，想象竞合犯的基本处理原则是：法律有规定的，按法律规定处理；法律无规定的，从一重罪处理。我国刑法第204条第2款规定了对想象竞合犯进行数罪并罚的立法例。该款规定，纳税人缴纳税款后，采取前款规定的欺骗方法，骗取所缴纳的税款的，依照本法第201条的规定定罪处罚；骗取税款超过所缴纳的税款部分，依照前款的规定处罚。在骗取出口退税中，骗取税款超过所缴纳的税款部分，这一行为分别构成逃税罪和骗取出口退税罪，属于一行为触犯数罪名，构成想象竞合犯。根据此款的规定，实行数罪并罚。所谓从一重罪处理，是指结合犯罪的具体情节来考虑应该在哪一个量刑幅度内对其量刑，进而确定哪一罪为“重罪”，从而选择哪一罪名定性。对于如何比较多个罪名的处罚轻重，最高人民法院《关于适用刑法第十二条几个问题的解释》的规定可以参照适用。该解释规定，“处刑较轻”，是指刑法对某种犯罪规定的刑罚即法定刑比修订前刑法轻。法定刑较轻是指法定最高刑较轻；如果法定最高刑相同，则指法定最低刑较轻。如果刑法规定的某一犯罪只有一个法定刑幅度，法定最高刑或者最低刑是指该法定刑幅度的最高刑或者最低刑；如果刑法规定的某一犯罪有两个以上的法定刑幅度，法定最高刑或者最低刑是指具体犯罪行为应当适用的法定刑幅度的最高刑或者最低刑。

想象竞合犯一般实行从一重罪处理，原因主要有两点：首先，想象竞合犯中行为人实施了一个犯罪行为却触犯了数个客体，因而其社会危害性显然大于单纯

① 张明楷：《法条竞合中特别关系的确定与处理》，载《法学家》2011年第1期。

一罪。根据罪责相适应的原则，其所承担的刑罚也应当较单纯一罪为重。在从一重罪的原则之下，犯罪所应承担的刑罚较单纯一罪为重，体现在无论犯罪人主观意图指向何结果，均必须承受基于该罪过所实施行为而导致较严重后果的惩罚，其最终处罚之罪可能与其主观意图不同，可见其重。其次，同理，想象竞合犯中行为人只实施了一个危害行为，其危害性较实施数行为触犯数罪名的实质为轻，故其所受刑罚应较实质数罪为轻。而在从一重罪的原则之下，无论犯罪人的行为触犯几个罪名，最终对其只按一罪处罚，可见其轻。

四、上述案例中行为人犯罪行为的处理

1. 案例一中被告人陈某、马某盗割正在使用中电线的行为，构成了破坏电力设备罪与盗窃罪的想象竞合，应以破坏电力设备罪追究刑事责任。

本案中，被告人陈某、马某盗割正在使用中的铜芯电线的行为，一方面构成了刑法第264条规定的盗窃罪，因为其以非法占有为目的，秘密窃取公私财物，符合盗窃罪的犯罪构成；另一方面构成了刑法第118条规定的破坏电力设备罪，因为，陈某、马某盗割的正在使用中的电线属于电力设备，其行为破坏了电力设备的安全运行，危害了公共安全，符合破坏电力设备罪的犯罪构成。陈某、马某的行为属于一个危害行为具有多重属性（侵犯财产权的属性和危害公共安全的属性）而触犯多个不同罪名的情形，并且所触犯的罪名之间不具有交叉和重合的关系。只是由于发生了特定的盗窃电力设备的犯罪行为，使两个本来并无重合关系盗窃罪和破坏电力设备罪的法条建立起了偶然的关系，这在立法时是难以预见的。因此，陈某、马某的行为是破坏电力设备罪与盗窃罪的想象竞合，而不是法条竞合。根据最高人民法院《关于审理破坏电力设备刑事案件具体应用法律若干问题的解释》第3条的规定，盗窃电力设备，危害公共安全，但不构成盗窃罪的，以破坏电力设备罪定罪处罚；同时构成盗窃罪和破坏电力设备罪的，依照刑法处罚较重的规定定罪处罚。司法解释的这一规定与我国刑法理论中对想象竞合犯的从一重处断的原则是一致的。

刑法第118条规定，破坏电力、燃气或者其他易燃易爆设备，危害公共安全，尚未造成严重后果的，处3年以上10年以下有期徒刑；第119条规定，破坏交通工具、交通设施、电力设备、燃气设备、易燃易爆设备，造成严重后果的，处10年以上有期徒刑、无期徒刑或者死刑。刑法第264条规定，盗窃公私财物，数额较大的，处3年以下有期徒刑、拘役或者管制，并处或者单处罚金；数额巨大或者有其他严重情节的，处3年以上10年以下有期徒刑，并处罚金；数额特别巨大或者有其他特别严重情节的，处10年以上有期徒刑或者无期徒刑，并处罚金或者没收财产。通过比较不难发现，根据刑法规定，构成破坏电力设备罪不要求犯罪数额，只要实施了危害公共安全的破坏电力设备行为，即便没有造成严重后果，也应当依法追究刑事责任，并处3年以上10年以下有期徒刑；造成严重后果的，处10年以上有期徒刑、无期徒刑或者死刑。而构成盗窃罪，除了多次盗窃、入户盗窃、携带凶器盗窃、扒窃这几种情形，一般是以一定的数额为要件的，法定刑幅度也与盗窃数额直接相关。根据最高人民法院《关于审理盗窃案件具体应用法律若干问题的解释》的规定，盗窃“数额较大”，是指个人盗窃公私财物价值人民币500元至2000元以上的；“数额巨大”，是指个人盗窃公私财物价值人民币5000元至2万元以上的；这里的“数额特别巨大”，是指个人盗窃公私财物价值人民币3万元至10万元以上的。各省、自治区、直辖市高级人民法院可以根据本地区经济发展状况，并考虑社会治安状况，在上述数额幅度内，分别确定本地区执行的“数额较大”、“数额巨大”、“数额特别巨大”的标准。根据盗窃罪和破坏电力设备罪法定刑的规定，如果盗窃电力设备的数额较大，不论有无造成严重后果，破坏电力设备罪的法定刑都比盗窃罪重。如果盗窃电力设备造成严重后果，则不论盗窃数额是多少，破坏电力设备罪的法定刑都比盗窃罪重。只有在盗窃电力设备数额特别巨大或者有其他特别严重情节，但又没有造成严重后果时，盗窃罪的法定刑才比破坏电力设备罪重。

本案中，陈某、马某盗窃电力设备的数额是1.4万余元，按照最高人民法院司法解释的规定，属于盗窃数额巨大；陈某、马某盗窃电力设备的行为同时尚未造成严重后果。此时，相对应的盗窃罪和破坏电力设备罪两个罪名的法定刑是一样的，都是3～10年有期徒刑，那么究竟应该如何从一重处断。对此，有两种不同的认识：一种观点认为，在主刑相同的情况下比较有无附加刑和附加刑的轻重，盗窃罪在主刑之外还要并处罚金，破坏电力设备罪没有罚金，因此盗窃罪的法定刑相对更重；另一种观点则认为，通过比较两种犯罪的社会危害性及犯罪行为本身的性质来确定罪名的轻重。笔者认为，第二种意见比较合适。破坏电力设备罪属于危害公共安全的犯罪，其所侵犯的犯罪客体不仅包括财产权，而且涵盖不特定多数人的人身、财产权利，无疑其罪责更重，依照罪责刑相适应的原则，即便量刑相当也应该以破坏电力设备罪追究其刑事责任。而且，破坏电力设备罪是行为犯，不论犯罪数额多少、是否出现危害结果都应依法追究其刑事责任。因此，刑法对于破坏电力设备行为的制裁一般比盗窃行为严厉。除非能够证明盗割电线的行为没有对公共安全造成危害，否则当破坏电力设备罪与盗窃罪发生竞合时，如果相对应的法定刑幅度相当，还是应当以破坏电力设备罪依法追究其刑事责任。[①] 因此，本案中，陈某、马某的行为应当以破坏电力设备罪定罪处罚。

2．案例二中苏某的行为同时构成诈骗罪和合同诈骗罪，属于法条竞合。

本案中，被告人苏某作为单位直接负责的主管人员，为解决其所经营单位的资金问题，以非法占有为目的，虚构其单位具有承接迎奥运巡演资格或以为单位增资的事实，以单位名义，采取与他人签订协议的手段，骗取他人钱款，其行为

---

① 最高人民法院刑事审判第一至五庭主编：《刑事审判参考》，2008年第5集，法律出版社2008年版。

已同时构成诈骗罪和合同诈骗罪。根据我国刑法第266条的规定，诈骗罪，是指以非法占有为目的，用虚构事实或者隐瞒真相的方法，骗取数额较大的公私财物的行为。根据我国刑法第224条的规定，合同诈骗罪，是指以非法占有为目的，在签订、履行合同过程中，骗取对方当事人的财物，数额较大的行为。本案中苏某的行为明显符合诈骗罪和合同诈骗罪的犯罪构成。

合同诈骗罪和诈骗罪之间形成法条竞合关系，因为二者均使用了“诈骗”这一动词，且诈骗的对象均为“财物”，两个罪的法条之间存在重合关系。规定合同诈骗罪的刑法第224条，相对于规定诈骗罪的第266条，是因犯罪手段的特殊性而设立的特殊法条，也就是说，第266条是普通法条，第224条是特别法条。

对于法条竞合，主要存在以下两种适用原则：

一是特别法优于普通法。当一个行为同时符合两个法律条文的犯罪构成的规定，也就是既符合特别法犯罪构成的规定，也符合普通法犯罪构成的规定时，应当选择适用特别法的法律条文。这是我国刑法理论界公认的解决法条竞合的基本原则。

二是重法优于轻法。这是指当一个行为同时符合同一部法律的不同条文所规定的犯罪构成时，应当选择法定刑规定最重的条文适用。例如，刑法第140条规定了生产、销售伪劣产品罪，紧接其后的第141条至第148条又对生产、销售特定的药品、食品、农药化肥、化妆品等作了专门规定，在此，形成了与第140条规定的法条竞合关系。对于它们之间的适用问题，刑法第149条第2款指出：如生产、销售本节第141条至第148条所列产品，构成各条规定犯罪的，同时又构成第140条规定犯罪的，“依照处罚较重的规定定罪处罚”。

前文已指出，合同诈骗罪和诈骗罪之间的法条竞合属于特别法条与普通法条的竞合，对此如何处理，我国刑法第266条规定，法律另有规定的，依照规定。对于利用合同进行诈骗的，正是属于刑法第266条规定的“本法另有规定的，依照规定”的情形，应当以刑法有关合同诈骗罪的规定定罪处罚。因此，本案中，苏某的行为应当以合同诈骗罪追究刑事责任。

2. 高某、刘某涉嫌诈骗案，王某、赵某涉嫌放火案

【基本案情】

案例一：被告人高某，男，34岁，汉族，我国台湾地区某县人；被告人刘某，36岁，汉族，我国台湾地区某县人。

被告人高某、刘某先后从台湾地区到广东省深圳市，经人介绍相识。2000年4月，两被告人商量制作假身份证，从外省购买移动电话GSM卡在深圳设点拨打国际声讯台，以此获取国际电话费回扣，并商定回扣所得刘某分30%，高某分70%。此后，刘某向高某提供移动电话8部，并借资人民币2万元给高某用于购

买电话卡等。2000 年 7 月，刘某又派人将一台控制手机拨号电脑和五部移动电话送到深圳市高某的租住处进行安装，高某则购置移动电话充电器、稳压器等物，并雇用十多人为其拨打国际声讯台。刘某负责与境外人员联系和领取电话费回扣。2000 年 7 月至 9 月，高某和刘某商量后，由高某伪造了三张身份证，然后交给雇用人员李某等人，指使他们两次到我国西部某省的多个县市用假身份证购得 GSM 卡 16 张后，又指使雇用人员谭某等人按照刘某告诉的电话号码，用其中的 14 张卡昼夜拨打国际声讯台，给电信部门造成话费损失 490 万元。刘某领取了部分国际电话费回扣，两被告人共同分赃。后高某、刘某被公安机关抓获。

案例二：被告人王某，男，29 岁，原系河南省某县汽车站工作人员；被告人赵某，男，26 岁，农民。

2000 年 5 月的一天，被告人王某为骗取保险金，与被告人赵某合谋，由赵某将王某承包的某县汽车站的牌号为豫 C19 × × × 客车烧掉（客车所有权属于某县汽车站，投保人也为该汽车站），事后付给赵某 1500 元酬金。2000 年 6 月 4 日凌晨 3 时左右，赵某携带汽油到某县汽车站，将王某停放在车站院内的客车烧毁，造成直接经济损失 10 万余元。当时车站内停有其他车辆十多辆，燃烧地点距家属楼 16 米，距加油站 25 米，距气象站 7 米。事后，王某付给赵某 1500 元酬金。中保财产公司某县分公司当时未能查明起火原因，遂向投保人某县汽车站支付赔偿款 10 万余元。后公安机关查明起火原因，将王某、赵某抓获。

【主要问题】

1. 什么是牵连犯？牵连犯与想象竞合犯、吸收犯、连续犯有什么区别？

2. 牵连犯的处罚原则是什么？

3. 案例一中高某、刘某伪造居民身份证的行为与诈骗的行为之间是否成立牵连犯？对高某、刘某的行为应如何定罪处罚？

4. 案例二中王某、赵某的行为是否成立牵连犯？对王某、赵某的行为应如何定罪处罚？

【分析】

一、牵连犯及其成立条件

我国 1979 年颁布的第一部刑法以及 1997 年经修订后的现行刑法对牵连犯的概念和处罚都未作明文规定，但理论上和司法实践中一般均加以认可和适用。牵连犯，是指为实现某一犯罪目的，其犯罪的手段行为或结果行为又触犯其他罪名的犯罪形态。

牵连犯的成立条件是：

1. 行为人追求的最终犯罪目的只有一个。相对于最终犯罪目的而言，行为人之手段行为或结果行为直接追求的目的只居从属或受支配的地位。

2. 行为人实施了两个以上的行为，即目的行为和手段行为，或者目的行为（又称原因行为）和结果行为，或者目的行为、手段行为和结果行为。

3. 构成牵连犯的数个行为必须是在刑法分则上具备独立构成要件的犯罪行为。如果虽有数个独立行为，但其中只有一个行为可以成罪，而其他行为不可成罪（如以色相勾引抢劫他人钱财的，其中色相勾引不能独立成罪），则也无所谓有牵连犯问题的存在。

4. 构成牵连犯的方法行为或者结果行为与目的行为必须触犯不同的罪名，相同的罪名不能构成牵连犯。例如，行为人以伪造证件印章的方法，诈骗他人钱财，由于伪造证件印章的行为与诈骗的行为均可构成独立的犯罪，因而就可以牵连犯加以认定。反之，如果行为人连续实施几个相同的犯罪行为，尽管行为与行为之间具有一定的联系（如以抢劫的交通工具去抢劫其他财物），也不能以牵连犯加以认定，而只能以连续犯论处。

5. 数行为之间存在着内在牵连关系。牵连关系主要有两种表现：其一，手段行为与目的行为的牵连，即一行为实质上是实现犯罪目的行为的具体手段，如行为人为实施招摇撞骗行为而伪造国家机关公文、证件、印章。此种情形下，伪造公文、证件、印章是目的行为（招摇撞骗）所牵连的手段行为。其二，结果行为与目的行为（原因行为）相牵连，即一行为实质上是目的行为之后所牵连产生的一种结果。相对于结果行为而言，目的行为无疑是引起或产生结果行为的一种原因，因而又被称为原因行为。

牵连关系是构成牵连犯的本质特征，但何为牵连犯行为之间的牵连关系？如何认定这种牵连关系？这是刑法理论和司法实践中认定牵连犯的主要难点。关于牵连关系的判断标准，中外学界主要有以下三种学说：

1. 主观说，又称犯意继续说。该学说认为，数行为之间有无牵连关系应以行为人的主观意思为标准，即行为人的行为是用一个犯罪意思统一起来的。也就是说，行为人在主观上有以手段或者结果之关系使其与本罪发生牵连的意思，为有牵连关系；在主观上没有使数罪作为手段或结果而牵连的意思的，为无牵连关系。

2. 客观说，又称客观事实说。即以客观事实为基础，将牵连关系之点主要集中在行为的客观方面，以行为人所实施的本罪行为与其方法行为或者结果行为在客观上是否存在着牵连关系为标准来判断牵连关系的有无，有这种客观上的联系的，成立牵连关系，否则不足以成立牵连关系。至于行为人在主观上是否有使其成为方法行为或者结果行为的意思，可以不问。在此说中，根据诸说之客观事实的侧重点不同，有包容为一说、不可分离说、形成一部说和通常性质说之分。

其一，包容为一说认为，在诸犯罪行为中，仅仅在客观上与其所实施的犯罪具有方法或者结果关系的，不一定都构成牵连犯，只有其方法行为与其目的行为或者其原因行为与其结果行为在法律上包含于一个犯罪构成事实之中，才能成立牵连犯。即因犯罪方法或者手段所导致的犯罪，须与本罪均包含于一个犯罪的构成事实中。换言之，即方法或者手段行为须为犯罪实行行为的一部分。

其二，不可分离说，又称为直接关系说。该说认为，数行为之间有无牵连关系应当依客观的事实而不能以犯罪构成事实上的包容关系为限来考察，如果所实施的犯罪同其方法或者结果触犯的其他罪名具有不可分离的直接关系，即犯罪的目的行为与其方法行为或者原因行为与其结果行为之间具有直接密切关系的，成立牵连关系，否则不足以成立牵连关系。由于此说系以直接的密切关系为认定牵连关系有无的标准，所以其主张必须以手段与结果有不可分离之直接关系为限。

其三，形成一部说。该说认为，数行为中，只有在方法行为或者结果行为与本罪行为在法律上包含在一个行为之中时，才成立牵连关系。例如，德国学者李斯特指出，“某种犯罪的手段行为从属于某构成要件，或者是作为通常手段而默示为一罪时”，才成立牵连犯。

其四，通常性质说。该说认为，数行为中只有在通常情况下，一行为为某种犯罪之普通方法，或者一行为为某种犯罪之当然结果时方成立牵连关系。

3. 折中说，又称主客观统一说。该说认为，认定数个行为之间是否具有牵连关系，必须从主客观两个方面进行考察。只有在客观性质上数行为处于手段或结果的关系，在主观认识上行为人具有犯意的继续，才能认为具有牵连关系。

分析上述三种学说，笔者认为，主观说虽然强调行为人主观上具有牵连意图，是成立牵连关系的主观根据，也即行为人对于本罪行为与方法行为或者结果行为的牵连性在主观上应有所认识，否则不能成立牵连犯。但是，显而易见，主观说把牵连意图作为认定牵连犯的唯一标准，这未免有绝对化之嫌。这是因为，如果行为人出于同一目的，实施数个客观上毫无牵连的独立行为，实际上没有也不可能认定是牵连犯。如行为人以非法占有为目的，先实施抢劫行为，后又实施绑架行为，虽然行为人出于同一犯罪目的，但是由于两种行为没有互为因果、互为条件的关系，没有手段行为与目的行为、原因行为与结果行为的关系，因而理应按数罪并罚认定处理，而不能以牵连犯认定。同样，客观说强调某种犯罪形态的数行为之间是否具有牵连关系应以客观事实为准，而不问其主观意图，也有明显不足之处。其中最主要的是脱离主观因素来谈论某些行为的关系，既与刑法基本原理相悖，也与牵连犯的原本含义不一致。事实上，脱离了行为人的主观因素，我们确实也很难判定行为人数行为之间是否实际具有方法行为与目的行为、原因行为与结果行为的关系。因此，相比较而言，笔者认为，折中说较能体现主客观相一致的精神。所以，判断牵连关系，应从两个方面来考虑：一方面必须考虑行为人主观上是否基于一个犯罪目的而产生实施手段行为或结果行为的牵连意图；另一方面必须考虑行为人所实施的目的行为之外的其他行为，以客观经验来判断是否与目的行为有手段与目的或者结果与原因的关系。

二、牵连犯与相似罪数形态的区别

（一）牵连犯和想象竞合犯的区别

想象竞合犯，是指一个行为触犯数个不同罪名的罪数形态。因此，牵连犯和想象竞合犯都存在触犯数个罪名的情况，而且往往可以找到数个结果和数个罪过。此外，牵连犯的方法犯罪行为或结果犯罪行为经常被人理解为犯罪方法或犯罪结果，这就使二者经常被人们混同。其实，牵连犯和想象竞合犯区别较大。正如前述，牵连犯成立的首要条件是其行为的复数性，也即数个独立行为的存在是构成牵连犯的前提条件。这一点是牵连犯和想象竞合犯最关键的区别。这是因为，想象竞合是实质的一罪，即行为人实施一行为所采取的犯罪方法或造成的犯罪结果虽然可能触犯其他罪名，但因其只有一个行为，也就不存在有方法行为或结果行为的问题。由此可见，牵连犯与想象竞合犯的主要区别就在于行为人实施了一个行为还是数个行为。

（二）牵连犯与吸收犯的区别

吸收犯，是指行为人实施的数个犯罪行为之间存在着吸收关系，一行为被另一行为吸收而失去独立的意义，仅以吸收的一罪论处的犯罪形态。例如，行为人非法侵入他人住宅实行盗窃，其非法侵入他人住宅的行为被盗窃行为所吸收，仅以盗窃罪论处的情形，即为吸收犯。吸收犯虽然具有数个犯罪行为，但由于一行为被另一行为吸收而失去独立的意义，应当在处断上仅以吸收的一罪论处。关于如何吸收，一般认为有三种类型，即重行为吸收轻行为、主行为吸收从行为、实行行为吸收非实行行为。

在刑法理论上，吸收犯与牵连犯一样，也属于实质上数罪，处断上一罪的罪数形态。对吸收犯的处罚原则也与牵连犯基本相同，即均采用“从一重处断”或“从一重重处断”的原则。二者的区别主要是，在牵连犯中，两个犯罪行为都具有独立性；在吸收犯中，数个犯罪行为之间具有吸收关系，从而使一行为被另一行为吸收而失去独立的意义。但是，是否具有独立性，很难有一个统一、明确的标准。因此，有学者认为，在理论上再对牵连犯和吸收犯进行细分，既有相当大的困难，也没有什么实际价值。

（三）牵连犯与连续犯的区别

连续犯，是指在同一或者概括的犯罪故意的多次支配下，于一定时间内，连续数次实施性质相同的行为，触犯同一罪名的犯罪形态。牵连犯与连续犯都有数个独立的犯罪行为，这是其共同点。但二者的区别也是明显的：牵连犯的数个行为的性质是不同的，触犯的罪名也各不相同；连续犯的数个行为性质是相同的，触犯的罪名也是同一的。牵连犯的数个行为之间存在手段行为与目的行为、原因行为与结果行为的牵连关系，而连续犯的数个行为之间不存在牵连关系。

三、牵连犯的处理原则

对牵连犯的处理，如果刑法有明确规定的，则依照法律的规定处理。例如，刑法第198条规定，投保人、受益人故意造成被保险人死亡、伤残或者疾病，骗取保险金的，要以数罪并罚。因此，应按照法律的规定对牵连犯作数罪并罚。在法律没有规定的情况下，对牵连犯如何处理，在理论上存在争议。

目前，刑法理论界关于牵连犯的处断原则主要有以下三种观点：

1．从一重处断说。该学说认为，对于牵连犯应该按照处断的一罪处理，即比照方法行为（手段行为）或结果行为所触犯的罪名，按法定刑较重之法条处罚。

2．数罪并罚说。该学说认为，牵连犯从形式上和实质上来说均为数罪，对其从一重处断缺乏法律根据和理论基础，根据犯罪构成要件理论和一罪一罚原则，应该对牵连犯实行数罚并罚。

3．从一重重处断说。该学说认为，牵连犯是裁判上的一罪，而不是一般的实质上的数罪。因此，对牵连犯应当“从一重重处断”，即按重的罪从重处罚，而不能实行数罪并罚。这是因为，第一，实行从一重重处断原则可以贯彻依法从重处罚严重犯罪的精神；第二，实行从一重重处断原则有利于保持刑事立法与司法解释的一致性；第三，牵连犯毕竟不是数罪并罚，在处罚原则上理应有所不同。

一般认为，在法律有明确规定为数罪并罚的情形下，对牵连犯应从一重处断或者从一重从重处断，即以数个犯罪行为中所触犯的重罪名定罪，以一罪从重处罚。如果两个罪的法定刑相同，一般认为应以目的行为所触犯的罪名定罪处罚。

四、对前述案例中被告人犯罪行为的分析

（一）对案例一中被告人高某、刘某行为的分析

案例一中被告人高某、刘某以非法占有为目的，隐瞒事实真相，采取持假身份证到甲地骗购GSM卡，在乙地拨打国际声讯台的手段，大肆骗取电信公司的财产，符合诈骗罪的犯罪构成。这是因为，本案中的移动电话是先入网使用后付费，电信公司为保证将来能对客户收费，必然要求使用人在购买GSM卡，办理入网手续时，提供真实的身份信息。如果行为人以虚假或者冒用的身份证件办理入网手续，就属于隐瞒真相的诈骗。根据最高人民法院《关于审理扰乱电信市场管理秩序案件具体应用法律若干问题的解释》（2000年4月28日最高人民法院审判委员会第1113次会议通过）第9条的规定，以虚假、冒用的身份证件办理入网手续并使用移动电话，造成电信资费损失数额较大的，依照刑法第266条的规定，以诈骗罪定罪处罚。被告人高某、刘某为隐瞒真实的身份还伪造了居民身份证，这一行为构成了我国刑法第280条第3款规定的伪造居民身份证罪。

高某、刘某所实施的诈骗罪和伪造居民身份证罪之间存在着牵连犯的关系。这是因为，高某、刘某是为了实现诈骗的犯罪目的，实施了伪造居民身份证和诈骗这两个独立的犯罪行为，触犯了两个不同的罪名，这两个犯罪行为之间还存在着手段行为与目的行为的牵连，因此，符合牵连犯的成立条件。我国对于这种情形的牵连犯没有明确规定如何定罪处罚，因此，应按刑法理论和司法实践所认可的从一重罪或者从一重从重处断。这时，就涉及本案中诈骗罪和伪造居民身份证

罪哪一个罪的法定刑更重的问题。我国刑法第266条规定，诈骗公私财物，数额较大的，处3年以下有期徒刑、拘役或者管制，并处或者单处罚金；数额巨大或者有其他严重情节的，处3年以上10年以下有期徒刑，并处罚金；数额特别巨大或者有其他特别严重情节的，处10年以上有期徒刑或者无期徒刑，并处罚金或者没收财产。我国刑法第280条第3款规定，犯伪造居民身份证罪，处3年以下有期徒刑、拘役、管制或者剥夺政治权利；情节严重的，处3年以上7年以下有期徒刑。

为确定本案中诈骗罪的法定刑，必须要确定高某、刘某的诈骗数额。对于诈骗罪的犯罪数额，在诈骗未遂时，一般以行为人犯罪指向的数额，即其意图诈骗的数额认定；在诈骗既遂时，以所得数额为诈骗数额。如果受害人损失数额或交付数额高于诈骗犯罪行为人所得，而这一差额又归因于犯罪行为人一方行为，则诈骗数额应以损失数额或交付数额认定。本案的犯罪对象为通信服务，在一般情况下，购买、使用手机后都要按规定缴纳费用。两被告人利用虚构的主体（假身份）购买手机卡，逃避电话话费缴纳义务，实质上非法占有了电信部门的财产，诈骗行为在拨打后就已完成，属犯罪既遂。产生的490万元话费是受害人电信部门本应收到却损失的数额，诈骗行为人应当支出话费而没有支出，应视为得到，其数额也是490万元，损失数额与诈骗所得数额是一致的，至于两被告人由此获得多少“回扣”不影响定罪量刑。因此，本案中，高某、刘某的诈骗数额是490万元，属于数额特别巨大。诈骗数额特别巨大的法定刑要重于伪造居民身份证罪的法定刑，因此，按照从一重罪或者从一重重处断的原则，本案中高某、刘某的行为应以诈骗罪定罪处罚。

（二）对案例二中被告人王某、赵某行为的分析

本案中，被告人王某、赵某放火烧毁汽车的行为，危害了公共安全，构成放火罪。这是因为，从王某、赵某放火焚烧的对象及其所处的环境看，当时是在停有十余辆汽车的汽车站内，属于公共场所，并且在其燃烧地点25米以内，有家属楼、办公楼、加油站等建筑物，即离放火现场都比较近。因此，在这种场合实施放火行为，有引起不特定或者多数人生命健康、公私财产安全遭受危害等严重后果发生的可能与危险。放火罪是危险犯，尽管被告人的放火行为没有造成周边其他财物烧毁和人员伤亡的严重后果，但只要被告人的放火行为具有造成严重后果的危险性，就构成放火罪，并且是既遂。

被告人王某、赵某放火烧毁汽车是想制造保险事故，以此向保险公司骗取保险金，但其行为并不构成我国刑法第198条规定的保险诈骗罪。保险诈骗罪，是指投保人、被保险人或者受益人，以非法占有为目的，采取虚构事实、隐瞒真相的方法骗取数额较大的保险金的行为。保险诈骗罪的主体是特殊主体，只能由投保人、被保险人、受益人构成。投保人，是指与保险人订立保险合同，并按照保险合同负有支付保险费义务的人。本案中，投保人是某县汽车站，而不是王某。

被保险人，是指其财产或者人身受保险合同保障，享有保险金请求权的人。本案中的被保险人还是某县汽车站。受益人，是指人身保险合同中由被保险人或者投保人指定的享有保险金请求权的人。受益人只存在于人身保险合同中，本案属于财产保险，不存在受益人。刑法第 198 条第 4 款规定，保险事故的鉴定人、证明人、财产评估人故意提供虚假的证明文件，为他人诈骗提供条件的，以保险诈骗的共犯论处。本案中的王某、赵某显然也不属于此类主体。由于本案中被告人王某、赵某不符合保险诈骗罪的主体条件，其不可能向保险公司骗取保险金，所以，其行为不构成保险诈骗罪。他们想通过放火烧毁被保险车辆，制造保险事故，骗取保险金，是其对保险诈骗罪的误解，并不因此构成保险诈骗罪。

牵连犯的成立条件之一是行为人实施了两个独立的行为，并且每个行为都单独构成犯罪。本案中，虽然王某、赵某实施犯罪的目的是为了骗取保险金，但他们只实施了放火烧毁财物这一个行为，并没有实施骗取保险金的行为，所以，不可能成立牵连犯。当然，如果王某是被烧毁汽车的投保人，在汽车被烧毁后，王某又向保险公司骗取保险金，则其行为成立牵连犯。这是因为，在这种情况下，被告人王某、赵某先后实施了放火和保险诈骗两个独立的犯罪行为，但其实施犯罪行为的目的是为了骗取保险金，被告人实施的放火行为只是为达到骗取保险金这个犯罪目的而采取的一种手段，也就是放火罪和保险诈骗罪之间存在牵连关系，符合牵连犯的成立条件。

（二）思考案例

1. 案例一

被告人鲁某，男，1975 年生，汉族，农民。

2010 年 9 月 19 日 15 时许，被告人鲁某报案称其在邓新公路桑庄镇西自来水站附近被车撞，桑庄派出所民警杨某接警后即赶到现场处理。在询问情况的过程中，因言语不和，被告人鲁某用手朝杨某左面部击打，致使杨某左耳外伤性鼓膜穿孔，在杨某欲给其戴上手铐带回派出所处理时，鲁某挣脱杨某，戴手铐逃跑。经某市公安局法医鉴定，杨某之损伤构成轻伤。

问：鲁某的行为如何定性？

2. 案例二

2010 年春节后，被告人黄某某、刘某某购入假冒伪劣“中华牌”硬盒香烟 112. 3 条，“中华牌”软盒香烟 51 条，“黄山金皖牌”硬盒香烟 535. 6 条，“黄山牌”新制硬盒皖烟 466. 3 条，“玉溪牌”软盒香烟 2. 2 条，“亚金芙蓉王牌”1956 型硬盒香烟 6. 1 条，“利群牌”新版硬盒香烟 1 条，“红双喜牌”硬盒香烟 5 条，“黄山牌”经典软盒皖烟 4 条，“黄山牌”红皖硬盒香烟 0. 4 条，运至合肥市包河区淝河镇某工业园区内一民房存储，欲行销售。2010 年 9 月 14 日晚，被告人黄某某、刘某某在合肥市合瓦路销售假烟时被当场抓获，从其驾驶的小轿车上查获假烟163.3条。随后，执法人员对其存放假烟的民房进行检查，又查获各类假烟1031.6条。经鉴定，上述两处被查获的假烟计1194.9条，均系假冒注册商标且伪劣的卷烟，鉴定价格为289177元。

问：对黄某某、刘某某的行为如何处理？

3. 案例三

被告人李某，男，46岁，无业。

1999年4月，被告人李某经人介绍认识了郭某（女），李某谎称自己是某省法院处级审判员，可帮郭某将其两个儿子安排到省法院汽车队和保卫处工作，骗取了郭某的信任，不久两人同居。期间，李某还身着法官制服，将郭某带到某省法院及某市的公检法机关，谎称办案，使郭某对李某深信不疑。

1999年7月初，被告人李某认识了某法院干部的遗孀周某，谎称自己是某省法院刑庭庭长，因吸烟烧毁了法官制服，遂从周某处骗取法官制服两件及肩章、帽徽。随后，李某因租房认识了房东邵某，李某自称是某省法院刑一庭庭长并答应将邵某的女儿调进某省法院工作，以需要疏通关系为名，骗取了邵某5000元人民币。

1999年8月，王某（女）因问路认识了身着法官制服的被告人李某，李某自称是某省法院刑一庭庭长，可帮王某的表兄申诉经济案件，骗取了王某的信任，并与王某同居。

1999年9月18日，被告人李某身着法官制服到某省某玉器交易中心，因躲雨与该中心经理郭某相识，李某自称是某省刑一庭庭长，骗取了郭某的信任，答应可帮郭某的妹夫申诉经济案件，骗取郭某价值2000元的玉器。

1999年9月22日，与李某同居的王某到某省法院询问李某的情况，得知李某骗人的真相，遂向公安机关报案并协助公安机关将李某抓获。

问：李某的行为如何定罪处罚？

4. 案例四

被告人龙某，男，1980年11月生，汉族，初中文化，无业。

2005年12月14日凌晨，永福县新村屯人龙某，伙同外号叫“雷公”（另案处理）的朋友窜至桂林市虞山路6号，盗走王某一辆价值21176元的五菱客车藏匿起来。龙某从车里找到王某的电话号码，打电话通知王某将2000元存入指定的账号，付款后告知藏车地点。当天，王某存款后，龙某取出2000元和“雷公”平分，随后电话告诉王某藏车地点。此后，龙某和“雷公”又故伎重施，盗得四辆价值共计88968元的五菱客车，分别向失主索取人民币2000至3000元，除了一名失主报警及时找回失车没有敲诈成功外，其余三名失主均如数付款。

问：龙某的行为如何处理？

5. 案例五

被告人鄢某，男，1976年3月生，汉族，小学文化，无业。

2002年4月，鄢某在闽北某市见到楼房墙上写有“办证”的字样和联系电话，即根据该电话与制售假证者“老李”联系，以500元的价格购买了一本伪造的驾驶证。鄢某使用该证一年多未被查扣，遂起买卖伪造的驾驶证骗取钱财的犯意。2003年11月至2004年8月，鄢某谎称：不需要培训就可以从江西省南昌市购买驾驶证，一本驾驶证只需1000多元，且保证是真的驾驶证，被害人陈某、熊某、李某等二十余人信以为真，将本人和其朋友的材料交给鄢某办理驾驶证。鄢某收取被害人钱款共计2.4万余元，并以300元的价格从“老李”处购得伪造的驾驶证冒充真实有效证件交给被害人，后又通过“老李”伪造了部分驾驶证的年检手续，用以蒙骗被害人，继续行骗。后案发。

问：鄢某的行为如何定性？

6. 案例六

被告人邹某，男，1974年生，汉族，高中文化，某企业职工。

1996年6月，邳州市岔河镇西岔河村村民潘某在担任该镇农具厂厂长期间，向被告人邹某的父亲邹新某借款一万余元，农具厂改制后先后归还了邹新某部分借款，尚欠5370元。邹新某多次索要未果，造成两家不和。被告人邹某得知后蓄意报复潘某。2005年9月，被告人邹某到岔河派出所以潘某之子潘跃某办理学籍为名，获取了潘跃某的身份证号码。而后以潘跃某之名伪造了一份常住人口登记卡，同年11月，被告人邹某持伪造的潘跃某常住人员登记卡，先后在中国农业银行邳州市支行铁富分理处，以潘跃某之名申请办理了五个金穗通宝卡。2006年1月6日，被告人邹某将以潘跃某之名申请办理的金穗通宝卡汇款单附在恐吓信里，分别向邳州市官湖镇九个民营企业负责人投寄，以炸毁厂房相要挟，上述人员在收到信的当天将五万元人民币汇到潘跃某的金穗通宝卡账户上，以此诬陷潘跃某，达到司法机关追究潘跃某刑事责任的目的。徐州某木业公司张某接信的次日向公安机关报案。

问：邹某的行为如何处理？

7. 案例七

被告人吴某，男，1975年生，汉族，高中文化，某工厂工人；

被告人陈某，女，1991年2月生，汉族，初中文化，无业。

2008年9月19日上午，被告人吴某、陈某在海门市三星镇某网吧上网时，通过QQ聊天与被害人袁某某（女）相识。期间，被告人吴某见袁某某手腕上戴有金手镯，遂与被告人陈某预谋设法骗取。当日下午，被告人吴某以晚上请袁某某一起到南通看演唱会、先开个房间休息为由，与被告人陈某一起将袁某某骗至海门市三星镇某旅馆217房间。到房间后，被告人吴某找借口支走了被告人陈某，以撕掉袁某某的衣服等言语相威胁，强行扒掉袁某某的裤子，对其实施了奸淫，并致其轻微伤。待被告人陈某回房间后，两被告人又以用手机给袁某某拍照、告诉其家人和男朋友，以及已将病传染给袁某某等对其进行威胁、恐吓，敲诈了袁某某人民币300余元、CECT手机1部、黄金手镯1只（25.17克），赃款赃物共计折合人民币6213.3元。

问：吴某、陈某的行为如何定性？

8. 案例八

被告人张某，女，1966年5月生，汉族，小学文化，农民。

被告人张某家住河南省汝州市焦村乡，1988年张某与胡某结婚并共同生活了13年，后因为感情不和经法院判决离婚。2007年，张某与汝州市焦村乡的袁某再婚，婚后因为袁某患有精神病，经常对张某非打即骂。由于忍受不了丈夫的家庭暴力，婚后不到一年，张某便离开家到广州打工。

在打工期间，张某认识了高某（另案处理）。当高某得知张某的婚姻不幸情况后，假装同情，博得张某的信任，内心却萌发了骗财的想法。2009年春节放假前的一天，高某把自己精心设计的一套合伙骗取他人钱财的计划向张某说了出来。张某本想拒绝高某，但未能经得起高某的再三“开导”，最终同意了高某的计划。

2009年春节刚过，高某便主动向自己的小学同学王某“提亲”。王某家庭条件不富裕，居住又偏远，年逾三十尚未娶妻，正对娶媳妇感到无望的时候，听到老同学热情帮忙介绍对象，自然欣然应允。高某将张某的电话号码告诉了王某，让王某主动与张某联系。王某和张某见面后，双方谈得很“投机”。几天后，高某安排双方在汝州市的一家旅馆见面，王某根据高某的意见，给了张某“见面礼”4000元。后高某安排张某到王家上门并订婚，王某又给订婚礼1001元。为了进一步取得王家的信任，从而骗得更多钱财，高某为张某办理了假身份证和假户口本，让张某持假证件和第一次离婚判决书，于2009年4月1日与王某一起到民政部门办理结婚登记。2010年元月，张某以治病为由趁机逃走。张某先后骗得王某现金和金戒指等财物共计价值人民币15000余元，高某从中分得6800元。案发后，张某通过家人将赃款全部退赔被害人。

问：张某的行为如何定罪处罚？

九、刑罚裁量

（一）案例分析

1. 许某涉嫌盗窃案

【基本案情】

2006年1月，被告人许某被广州市××物业有限公司聘任为保安员。同年4月21日21时许，许某持自己不具备透支功能、余额为176.97元的银行卡，到位于广州市商业银行某自动柜员机前准备取款100元，同行的郭某（已判刑）在附近等候。当许某在自动柜员机上无意中输入取款1000元的指令后，柜员机即出钞1000元。许某经查询，发现其银行卡中仍有170余元，意识到银行自动柜员机发生故障，能够超出账户余款取款且不如实扣账。于是，许某先后于21时57分至22时19分、23时13分至19分、次日零时26分至1时06分的三个时间段内，在该自动柜员机170次主动指令取款17.4万元，而其账户实际被扣账174元。郭某从许某处得知该台自动柜员机出现异常后，亦采用同样手段先后取款1.9万元。同月24日下午，许某辞职后携款逃匿。2007年5月22日，公安人员在宝鸡市将许某抓获归案。广州市中级人民法院于2007年11月20日判决许某犯盗窃罪，判处无期徒刑，剥夺政治权利终身，并处没收个人全部财产。宣判后，许某提出上诉。广东省高级人民法院于2008年1月9日裁定撤销原判，发回重审。广州市中级人民法院依法另行组成合议庭进行重新审理后，于2008年3月31日判决被告人许某犯盗窃罪，在法定刑以下判处有期徒刑5年，并处罚金人民币2万元。宣判后，许某提出上诉。广东省高级人民法院于2008年5月23日裁定驳回上诉、维护原判，并依法报请最高人民法院核准。2008年8月20日，最高人民法院核准广东省高级人民法院维持第一审以盗窃罪在法定刑以下判处被告人许某有期徒刑5年，并处罚金人民币2万元的刑事裁定。

【主要问题】

1. 减轻处罚的“在法定刑以下判处刑罚”之“法定刑以下”应当如何理解？
2. 减轻处罚的程度是否有限制？

3. 如何处理附加刑的减轻处罚问题？

4. 特别减轻处罚之“特殊情况”应当如何理解？

5. 如果许某案发生在《刑法修正案（八）》施行以后，人民法院对许某的减轻处罚是否妥当？

【分析】

减轻处罚情节是我国刑法规定的从宽处罚情节的类型。刑法第63条对减轻处罚情节的适用作出了原则性规定。刑法第63条第1款规定：“犯罪分子具有本法规定的减轻处罚情节的，应当在法定刑以下判处刑罚；本法规定有数个量刑幅度的，应当在法定量刑幅度的下一个量刑幅度内判处刑罚。”第63条第2款规定：“犯罪分子虽然不具有本法规定的减轻处罚情节，但是根据案件的特殊情况，经最高人民法院核准，也可以在法定刑以下判处刑罚。”第1款规定的减轻处罚也被称为一般减轻，第2款规定的减轻处罚也被称为特别减轻。减轻处罚情节的适用，主要应注意以下几个方面：

（一）“法定刑以下”的含义

根据刑法第63条的规定，有减轻处罚情节的，应当在“法定刑以下”判处刑罚。此处的“法定刑以下”的具体含义应作如下理解：

1. “法定刑”的含义。此处的“法定刑”和一般意义上的法定刑有所不同。一般意义上说，法定刑，是指刑法分则或其他单行刑法条文规定的适用于具体犯罪的刑罚种类的幅度。[①] 而此处的“法定刑”是指法定最低刑。对于法定最低刑的认定，在所犯之罪只有一个量刑档次时，一般不成为问题。但在所犯之罪有两个或两个以上的量刑档次时，对法定最低刑应如何确定？对于这一问题存在两种不同的观点：

（1）条文说。该说认为，当刑法对某个犯罪规定了数个量刑幅度时，应把数个量刑幅度视为一个整体。根据该种观点，所谓法定最低刑，是指数个量刑幅度中最轻的那个量州幅度的下限。[②] 以刑法第384条规定的挪用公款罪为例，该罪有三个量刑幅度：“五年以下有期徒刑或者拘役”；“五年以上有期徒刑”；“十年以上有期徒刑或者无期徒刑”。根据条文说，无论案情如何，法定最低刑都是1个月拘役。

（2）相应幅度说。该说认为，我国刑法根据犯罪情节、危害结果等的轻重，规定了数个量刑幅度，每个量刑幅度都应认为具有独立的法定刑意义。因而，法

① 高铭暄主编：《新编中国刑法学》（上册），中国人民大学出版社1998年版，第479页。

② 何秉松主编：《刑法教科书》（第二次修订版），中国法制出版社1995年版，第442～446页。

定最低刑，是指与实际案件的情节相适应的那个量刑幅度的最低刑。① 以刑法第238条规定的非法拘禁罪为例，致人重伤的，本应在该罪第二量刑幅度“三年以上十年以下有期徒刑”内处刑，如果行为人具有减轻处罚情节的，在“法定刑以下”处罚，即在3年有期徒刑以下处刑。有关司法机关虽未曾对法定最低刑作出过司法解释，但对法定最高刑有过解释。1985年8月21日最高人民法院《关于人民法院审判严重刑事犯罪案件中具体应用法律的若干问题的答复（三）》第39问中关于如何理解、确定法定最高刑的解释规定：“如果所犯罪行的刑罚，分别规定有几条或几款时，即按其罪行应当适用的条或款的法定最高刑计算；如果是同一条文中，有几个量刑幅度时，即按罪行应当适用的量刑幅度时法定最高刑计算；如果只有单一的量刑幅度时，即按此条的法定最高刑计算。”根据这一解释的精神，可以悟出法定最低刑是指与犯罪分子所犯罪行的轻重相适应的刑法规定的不同条款的法定刑或者具体量刑幅度的最低刑。

笔者赞同相应幅度说，只有这样才能做到罪责刑相适应。如果采用条文说，在很多情形下会造成轻纵犯罪分子的结果。因为有些犯罪由于社会危害程度差异很大，因而刑法也就设置了相应的法定刑幅度，就整个犯罪的条文来说，刑罚最高可为死刑，最低可为管制，如刑法第264条规定的盗窃罪、第347条规定的走私、贩卖、运输、制造毒品罪。对这种犯罪案件，要是犯罪人具有减轻处罚情节，按条文说处理，就会造成本该判处死刑的犯罪分子应在低于管制最低期限以下处刑了。只有相应幅度说既考虑到犯罪人的减轻处罚情节，又不至于过分轻纵犯罪分子。1998年1月13日最高人民法院《关于适用刑法第十二条几个问题的解释》也采取相应幅度说，其第2条规定：“如果刑法规定的某一犯罪只有一个法定刑幅度，法定最高刑或者最低刑是指该法定刑幅度的最高刑或者最低刑；如果刑法规定的某一犯罪有两个以上的法定刑幅度，法定最高刑或者最低刑是指具体犯罪行为应当适用的法定刑幅度的最高刑或者最低刑。”

2.“以下”的含义。根据我国刑法第63条的规定，减轻处罚，是指在法定刑以下判处刑罚。这里所说的在法定刑“以下”判处刑罚，我国刑法学的通说认为是指判处“低于法定最低刑的刑罚”。② 只有这样理解，才能将减轻处罚与从轻处罚完全区分开来。因为如果认为减轻处罚包括按法定最低刑处刑，则和从轻处罚的最大从轻幅度重合。可见，通说的理解是“法定最低刑以下”中之“以下”不包括本数在内的。但是，我国刑法第99条明确规定：“本法所称以上、以下、以内，包括本数。”由此可见，通说的理解是和刑法第99条的规定相矛盾的。笔者认为，这不能不说是刑法典立法的一个不足。

---

① 王作富著：《中国刑法研究》，中国人民大学出版社1988年版，第319页。

② 高铭暄主编：《刑法学原理》（第三卷），中国人民大学出版社1994年版，第261页。

（二）减轻处罚的程度

关于减轻处罚可以减到何种程度，在刑法学界和司法实践中有三种观点：第一种观点认为，减轻处罚既包括刑期的减轻，也包括刑种的减轻，还可以减到免除处罚。第二种观点认为，减轻处罚既包括刑种的减轻，也包括刑期的减轻，但不能减到免除处罚。第三种观点认为，减轻处罚只能是刑期的减轻，而不包括刑种的减轻。以上三种观点中第二种观点是正确的，其他两种观点都存在这样或那样的不足：

1. 第一种观点的不足在于，认为减轻处罚还可以减到免除处罚。这种看法显然是错误的。从我国刑法对量刑情节的立法来看，减轻处罚和免除处罚在很多情况下都是并列规定的，如“应当减轻或者免除处罚”（刑法第 20 条第 2 款规定的防卫过当等）、“应当从轻、减轻或者免除处罚”（刑法第 27 条第 2 款规定的从犯）、“可以免除或者减轻处罚”（刑法第 10 条规定的“在国外犯罪且已在外国受过刑罚处罚的”）、“可以减轻或者免除处罚”（刑法第 22 条第 2 款规定的预备犯等）。如果像第一种观点那样，认为减轻处罚包括免除处罚，那么上述立法中的“免除处罚”应属画蛇添足之举。由此可见，第一种观点有违立法者区别规定减轻处罚情节与免除处罚情节之立法意旨。

2. 第三种观点的不足在于，过窄地理解了减轻处罚的表现形式。我们知道，减轻处罚是指刑罚的减轻，而刑罚的减轻自然包括刑期的减轻和刑种的减轻。认为减轻处罚只包括刑期的减轻显然是错误的：我国刑法中规定的刑罚并不是都可以用期限来表示和分割的，如无期徒刑、死刑。如果犯罪人所犯罪行本应在该罪最高量刑档次量刑，而该档次的法定最低刑是无期徒刑或者死刑，这时如何进行刑期的减轻？例如，根据刑法第 121 条的规定，犯劫持航空器罪，处 10 年以上有期徒刑或者无期徒刑；致人重伤、死亡或者使航空器遭受严重破坏的，处死刑。要是某犯罪人劫持航空器致人死亡，则本应在第二量刑档次处刑，但是行为人具有法定的减轻处罚情节，因而应在第一量刑档次内处刑，第一量刑档次的刑罚只有有期徒刑和无期徒刑两种类型。因而，此例中的减轻处罚显然只能是指刑种的减轻。又如，法定最低刑为 6 个月有期徒刑的，减轻处罚可减为拘役。再如，法定最低刑为拘役的，减轻处罚可减为管制。

3. 第二种观点认为，减轻处罚既包括刑期的减轻也包括刑种的减轻，但不包括减至免除处罚。较为科学地界定了减轻处罚的程度范围。但是，第二种观点只是概括性地说明了减轻处罚的范围，并没有明确地指出减轻处罚可以减轻的具体幅度。在第二种观点之下，对于减轻的幅度是否应有限制又存在两种不同的主张：一种观点认为，刑法第 63 条对减轻处罚只规定“应当在法定刑以下判处刑罚”，并没有限制减轻的程度。如有学者认为，减轻的情节很多，出于被告人情况的考虑和刑罚目的的考虑不一定要对它限制得很死。[①] 另一种观点认为，减轻处罚只能是有限制的减轻，不能跨“格”减轻。[②] 笔者赞同后一种观点，主要理由有：

（1）无限制地减轻有轻纵犯罪分子的可能。我们知道，刑法在对犯罪设置法定刑时，就是根据该种犯罪的社会危害程度的差异而划分为数个等级的。所以，在量刑时法官也只能根据法定或酌定减轻情节逐一递减，不能呈跳跃式减轻。这就意味着每一个减轻情节对量刑的影响都是有所限制的，它不能不受限制而任意减轻。否则，有轻纵犯罪分子之嫌。例如，对走私、贩卖、运输、制造毒品等性质和情节特别严重的犯罪来说，其法定最低刑是15年有期徒刑，如果减轻处罚不受“格”的限制，就会导致宽大无边。

（2）尽管现行刑法已废止了加重处罚情节，但此前有关对加重处罚的限制性规定，对于减轻处罚的适用，仍具有借鉴意义。因为减轻处罚情节和加重处罚情节作为两种突破法定刑幅度的量刑情节，其差别仅在于作用方向的不同，其他适用规则是相似的。我们知道，加重处罚情节首先是在1981年6月10日全国人大常委会《关于处理逃跑或者重新犯罪的劳改犯和劳教人员的决定》中规定的。所谓加重处罚，是指依法在法定最高刑之上对犯罪分子判处刑罚。但该决定规定的加重处罚，按照全国人大常委会法制工作委员会所作的说明，“不是可以无限制地加重，而是罪加一等，即在法定最高刑以上一格判处”[③]。反向推论，减轻处罚也不能无限制地减轻，而是限于在法定最低刑以下一格判处。所谓一格，相当于一个刑罚的等级。从我国刑法分则规定的法定最低刑来看，共有11种规定，即死刑、[④] 无期徒刑、10年有期徒刑、7年有期徒刑、5年有期徒刑、3年有期徒刑、2年有期徒刑、6个月有期徒刑、拘役、管制和附加刑。这11种法定最低刑形成了10个刑罚等级，或者说是10格。例如，法定最低刑为死刑的，可以判处无期徒刑；法定最低刑为无期徒刑的，可以判处10年以上15年以下有期徒刑；法定最低刑为10年有期徒刑的，可以判处7年以上（含本数）、10年以下（不含本数）有期徒刑；法定最低刑为6个月有期徒刑的，可以判处1个月以上6个月以下拘役；法定最低刑为管制的，可判处适当的附加刑。

（3）《刑法修正案（八）》明确了在存在数个量刑幅度的情况下只能在下一个幅度内处刑，而不能跨越到再下一个幅度处刑。《刑法修正案（八）》修正后的刑法第63条规定：“犯罪分子具有本法规定的减轻处罚情节的，应当在法定刑以下判处刑罚；本法规定有数个量刑幅度的，应当在法定量刑幅度的下一个量刑幅度内判处刑罚。”

---

① 高铭暄著：《刑法问题研究》，法律出版社1994年版，第282～283页。

② 马克昌主编：《刑罚通论》，武汉大学出版社1999年版，第345页。

③ 《人民日报》1981年6月11日。

④ 如刑法第121条劫持航空器罪的第二量刑幅度和第239条绑架罪的第二量刑幅度等。

（三）减轻处罚与附加刑

关于减轻处罚的一般论述，都仅涉及死刑、无期徒刑、有期徒刑、拘役、管制五种主刑，对其与罚金、剥夺政治权利、没收财产三种附加刑的关系则较少涉及。关于减轻处罚与附加刑的关系，主要应注意以下两个问题：

1. 减轻处罚可否适用于附加刑。对这一问题，刑法学界存在两种相反的看法：一是肯定说。该说认为，刑法第 63 条只规定减轻处罚是“应当在法定刑以下判处刑罚”。该条规定并未明确将附加刑排除在外。因而，认为减轻处罚可以适用于附加刑并无不当。二是否定说。该说认为，减轻处罚只适用于主刑，而不适用于附加刑。这是绝大多数学者所持的观点。笔者认为，肯定说和否定说都有片面性，应作具体分析：

原则上讲，减轻处罚可以适用于附加刑。即如果某罪的法定刑中规定有附加刑，某人实施本罪后具有减轻处罚情节并拟减轻处罚，在对法定刑中的主刑予以减轻的同时，也可以对应判的附加刑予以适当减轻。因为对犯罪人所判刑罚的轻重，决定于犯罪社会危害性与犯罪人人身危险性的大小，而减轻处罚情节的存在，恰好使犯罪的社会危害性和犯罪人的人身危险性减小了。与之相适应，应判的刑罚也应减轻。在减轻的刑罚中，自然应当包括附加刑在内。

然而，在许多情形之下，无法对附加刑进行减轻处罚。例如：（1）对剥夺政治权利、没收财产而言，综观我国刑罚的规定，没有任何一个具体犯罪在法定刑中明确规定了剥夺政治权利或没收财产的具体期限或数额。在此种情形下，就无法对之减轻处罚。（2）对罚金而言，有些刑法条文只规定罚金，而没有规定具体的数额幅度。在此种情况下，也无法适用减轻处罚。例如，刑法第 345 条第 1 款规定的盗伐林木罪有三个量刑幅度，即 3 年以下有期徒刑、拘役或者管制，并处或者单处罚金；3 年以上 7 年以下有期徒刑，并处罚金；7 年以上有期徒刑，并处罚金。假如行为人盗伐林木，数量特别巨大的，本应在第三量刑幅度内量刑，但行为人有减轻处罚情节，应在第二量刑幅度内量刑。这两个量刑幅度都规定了“并处罚金”且都未规定具体幅度，因而罚金的减轻处罚根本无法找到基点（法定最低刑），也就谈不上减轻处罚。（3）附加刑中不存在刑种的减轻。因为罚金和没收财产是财产刑，而剥夺政治权利是一种资格刑，存在根本的差别，无法确定孰轻孰重。罚金和没收财产尽管都是财产刑，但即使从数额上来讲也不能断定孰多孰少，因为在许多情况下，罚金和没收财产一样都没有数额限制，数额多少由法官确定。三种附加刑无法排列轻重顺序，也就无法适用减轻处罚中的刑种减轻了。

但是，由于现行刑法对有些犯罪的罚金刑采用了一些新的立法规定方式，使得罚金刑之刑度减轻成为可能。这种新的立法规定方式包括：（1）规定罚金的具体数额范围。例如，刑法第 172 条规定的持有、使用假币罪，该罪有三个量刑档次，每个档次都规定了罚金，因而罚金刑也相应地分为三个幅度：1 万元以上 10

万元以下罚金；2 万元以上 20 万元以下罚金；5 万元以上 50 万元以下罚金。如果犯罪人持有假币数额巨大的，本应在第二量刑档次内量刑，但由于犯罪人是有法定的减轻处罚情节，主刑和附加刑都应在第一量刑档次内处刑。需要指出的是，由于罚金刑之减轻处罚也应在法定最低刑以下处刑，因而应在 1 万元以上 2 万元以下（不含本数）幅度内量刑。（2）虽未规定罚金的具体数额范围，但以倍数或比例和倍数相结合的形式规定了幅度。例如，刑法第 140 条规定的生产、销售伪劣产品罪，四个量刑幅度都规定"处销售额百分之五十以上二倍以下的罚金"，如果行为人有法定减轻情节的，在主刑减轻的同时，也应在销售金额 50% 以下（不含本数）处罚金。

2. 减轻处罚可否从主刑减为附加刑。对于减轻处罚可否从主刑减为附加刑的问题，许多学者持否定态度。有学者认为，主刑减为附加刑于法无据，况且主刑和附加刑的法律根据是不一样的。主刑主要是根据犯罪的社会危害性程度而定的，而附加刑主要是根据犯罪的性质和某些特点来决定的。[①] 这种观点值得商榷，笔者认为，对某些犯罪的减轻处罚可以从主刑减为附加刑，如判处罚金、没收财产等。主要理由有：

第一，主刑和附加刑虽然立法的基础与适用的要求有所不同，但是既然它们同为刑罚，就都是对犯罪分子适用的刑事制裁方法。就惩罚功能和适用目的来说，二者并没有严格的不可逾越的界限。我国刑法第 34 条明确规定，附加刑可以附加适用，也可以独立适用。

第二，我国刑法中有些犯罪的法定最低刑是管制，在这种情况下，如果行为人本应在该罪最低量刑幅度内处刑，但由于具有法定的减轻处罚情节，是在附加刑中选处一种合适的刑罚，还是免除处罚？笔者认为，根据减轻处罚情节对行为人予以免除处罚是混淆两种量刑情节界限的错误做法。因而，在管制以下判处罚金等较轻附加刑的做法是合理的。

（三）特别减轻处罚的司法适用

根据刑法第 63 条的规定，减轻处罚分为一般减轻（也称法定减轻）和特别减轻（也称酌定减轻）。因此，减轻处罚的裁量方式有两种：一是由审判人员直接裁量，这是在犯罪人具有刑法所规定的减轻处罚情节的情况下适用的；二是审判人员不能直接裁量，而必须经最高人民法院核准，这是在犯罪人不具有刑法规定的减轻处罚情节，但具有特殊情况需要减轻的情况下适用的。刑法第 63 条第 2 款对特别减轻处罚作出了规定："犯罪分子虽然不具有本法规定的减轻处罚情节，但是根据案件的特殊情况，经最高人民法院核准，也可以在法定刑以下判处刑罚。"根据这一规定，特别减轻处罚的适用，必须具有以下条件：

1. 犯罪分子不具有刑法规定的减轻处罚情节。这可以说是适用特别减轻的前

---

① 高铭暄著：《刑法问题研究》，法律出版社 1994 年版，第 283 页。

提条件。如果犯罪分子具有刑法规定的减轻处罚情节的，审判人员可以直接根据刑法规定对犯罪分子在法定刑以下判处刑罚。这里的“刑法规定的减轻处罚情节”既包括应当型减轻处罚情节，也包括可以型减轻处罚情节。要消除一种误解，即不能认为刑法第63条第2款规定的“刑法规定的减轻处罚情节”仅仅包括应当减轻处罚情节。如果犯罪分子既有法定的减轻处罚情节，也有酌定的减轻处罚情节，笔者认为，也不必通过烦琐的特别减轻程序，而由审判人员在适用一般减轻时酌情加大减轻的幅度即可。

2. 犯罪分子之案件具有特殊情况。这是适用特别减轻的实质条件。对刑法第63条第2款中规定的“案件的特殊情况”，最高司法机关尚无司法解释予以明确。笔者认为，具体包括两种情况：(1) 主要是指即使适用法定最低刑仍然会导致量刑畸重的特殊案件。立法者在设置法定刑时自然必须遵循罪责刑相适应原则，但仍然难以对所有的具体案件实现罪责刑相适应。具体表现为两种情况：对一部分案件即使适用法定最低刑，仍然显得量刑畸重；而对另一部分案件而言，即使适用法定最高刑，仍然显得量刑畸轻。因而，有必要对相对机械的法定刑留有修正的法定空间，这就是减轻处罚制度和加重处罚制度存在的根基。因为担忧加重处罚会导致无期徒刑加重到死刑，从而增加死刑适用数量，1997年刑法只保留了减轻处罚制度，而废止了加重处罚制度。(2) 国家政治、国防、外交等方面的特殊需要。刑法第81条第1款对假释也有这种类似的规定，“如果有特殊情况，经最高人民法院核准，可以不受上述执行刑期的限制”。对此处的“特殊情况”，1997年11月发布的最高人民法院《关于办理减刑、假释案件具体应用法律若干问题的规定》(以下简称《规定》) 作了一个不甚明了的解释。《规定》第11条规定：“刑法第八十一条第一款规定的‘特殊情况’，是指有国家政治、国防、外交等方面特殊需要的情况。”在对刑法第63条的司法解释发布前，笔者认为，可以参照上述《规定》来理解此种情形的“特殊情况”。

3. 特别减轻必须经最高人民法院核准。在此有必要回顾一下1997年刑法对特别减轻处罚制度的修改。现行刑法第63条第2款规定的特别减轻处罚，是1979年刑法第59条第2款规定的各级人民法院审判委员会享有的一项权力，指的是“犯罪分子虽然不具有本法规定的减轻处罚情节，如果根据案件的具体情况，判处法定刑的最低刑还是过重的，经人民法院审判委员会决定，也可以在法定刑以下判处刑罚”。1979年刑法授予各级人民法院的该项权力，实际上是一种法外用刑的自由裁量权，意在使审判机关在形形色色的案件面前有灵活的余地，握有主动权。1979年刑法施行以后，绝大多数人民法院对于特别减轻处罚权的行使是严肃的、认真的，对于有关案件的处理效果也是好的。但应当指出的是，某些地方也确实出现了不少滥用该项权力的现象，甚至为个别腐败的审判人员提供了与犯罪分子及其亲友进行权钱交易，以钱抵刑的可乘之机。因而，1979年刑法实施以后，审判机关的这项自由裁量权不时受到批评。

在1997年刑法的修订过程中，一些人提出，保留审判机关特别减轻的权力，不仅违背罪刑法定原则，而且容易导致审判机关的腐败。因此，为了真正贯彻罪刑法定原则，保持审判机关的廉洁，应当取消审判机关酌定减轻处罚的这项权力。但多数人认为，审判机关的酌定减轻处罚权不应取消，主要理由是：第一，多年来的司法实践证明，在刑事审判工作中，确实不时会遇到虽然犯罪分子不具有法律规定的减轻处罚情节，但根据案件的具体情况和罪刑相适应的原则，判处法定最低刑还嫌过重的情况，如果取消了审判机关的这项权力，量刑的结果就势必会造成轻罪重判，违背罪刑相适应的原则。第二，权力和权力的滥用是两回事。权力的存在可以导致权力的滥用，但二者并不存在必然的联系。决不能因为权力在一定情况下可能造成滥用便否定一切权力。因此，审判机关酌定减轻处罚权被滥用过的事实，并不能成为取消该项权力的理由。第三，酌定减轻处罚的权力是法律赋予审判机关的，所以审判机关行使该项权力是罪刑法定原则的必然要求，根本谈不上违背罪刑法定原则的问题。许多人士认为，1997年修改刑法要做的事情是，如何完善审判机关酌定减轻处罚权的监督机制。立法机关在广泛征求意见的基础上，采纳了多数人的意见，保留了审判机关的这项权力，但在第63条第2款明确规定“经最高人民法院核准”。这样，各级人民法院在犯罪分子虽然不具有法律规定的减轻处罚情节，但如果根据案件的具体情况判处法定最低刑还是过重时，仍然拥有在法定刑以下判处的权力，不过，须报最高人民法院核准。这样，新刑法规定的酌定减轻处罚的建议权在各级人民法院，而最后决定权实际改由最高人民法院行使。这样就既保留了人民法院的这项自由裁量权，又保证了该项权力的不被滥用。

2. 闫某涉嫌故意杀人、盗窃案

【基本案情】

被告人闫某2001年8月因犯盗窃罪、伪造居民身份证罪被判处有期徒刑2年，2002年12月13日刑满释放；因涉嫌犯盗窃罪，于2004年2月18日被羁押，同年3月24日被逮捕。被告人闫某因涉嫌犯盗窃罪被查获归案后，如实供述了司法机关还未掌握的本人两起故意杀人罪行：（1）2003年10月中旬的一天22时许，被告人闫某将一妇女带至家中留宿。次日凌晨4时许，闫某趁该妇女熟睡之机，用铁锤猛砸其头部，致其重度颅脑损伤死亡。后闫某将该妇女的尸体肢解抛尸。(2) 2003年12月4日23时许，被告人闫某携带铁锤、绳子等凶器到某楼地下室12号内与徐某同宿。次日凌晨6时许，闫某趁徐某熟睡之机，用铁锤猛打徐某的头部，并用尼龙绳欲将徐某勒死，因徐某奋力反抗，闫某杀人未遂。

【主要问题】

1. 同向情节竞合时应当如何处理？

2．逆向情节竞合时应当如何处理？

3．被告人闫某既具有累犯之从重处罚情节，也具有自首、犯罪未遂之从宽处罚情节，究竟应当从重处罚还是从宽处罚？

【分析】

量刑情节是调整量刑幅度、保持量刑平衡、准确适用刑罚的重要依据。在司法实践中，如果一个犯罪案件只存在一个量刑情节，适用起来不会有太大的问题。但是，犯罪现象是复杂的，同一犯罪案件中往往存在两个以上的量刑情节，这种数个量刑情节并存于同一案件的情况在刑法理论上称为量刑情节的竞合。存在量刑情节竞合时，要做到正确量刑，应注意以下几个方面：

（一）同向竞合情节的适用

我们知道，按情节对量刑产生的轻重影响之作用方向不同，可以把量刑情节分为从宽情节与从严情节。从宽情节，是指对犯罪人的量刑产生从宽或有利影响的情节。我国刑法中的从宽情节包括免除处罚情节、减轻处罚情节和从轻处罚情节。从严情节，是指对犯罪人的量刑产生从严或不利影响的情节。我国现行刑法中的从严情节只有一种即从重处罚情节。所谓同向竞合情节，是指一个案件中具备两个以上的从宽处罚情节，或者具备两个以上的从严处罚情节。换言之，同向量刑情节的竞合包括从宽量刑情节的竞合和从严量刑情节的竞合。

1．从宽处罚情节竞合时的适用。从宽处罚情节的竞合，具体又可以分为以下几类：

（1）数个从轻处罚情节竞合时的适用。在这种情况下，根据从轻处罚情节的实际情况和数目，对犯罪人在法定刑幅度内决定不同程度的从轻处罚当然没有什么问题。存在争议的一个问题是：数个从轻处罚情节是否可以转化为减轻处罚情节？有学者持肯定说，也有学者持否定说，还有学者持折中说。笔者赞同折中说，即应根据案件的具体情况而定：如果犯罪的社会危害性特别严重，要是不考虑从轻情节，应当判处法定刑中比较重的刑罚，在这种情况下，即使有数个从轻情节，一般不应也不能转化为减轻处罚，而只能根据从轻情节的多少使从轻处罚的幅度有所变化；如果犯罪的社会危害性一般，要是不考虑有关从轻处罚的情节，应当判处法定刑中比较轻的刑罚，这时，如果犯罪人有数个从轻处罚情节并存，就可以考虑转化为减轻处罚的情节。不过需要指出的是，在数个从轻处罚情节转化为减轻处罚时，应当符合刑法第 63 条第 2 款的规定。首先，如果根据罪责刑相适应原则，在对犯罪人从轻处罚时，即使判处相对应法定刑幅度之法定最低刑还是太重，这是转化的前提条件；其次，这种转化减轻显然只能是酌定减轻（因为我国刑法中并无有关此种转化的规定），因而必须按刑法第 63 条第 2 款有关酌定减轻的规定，即应经最高人民法院核准，地方各级人民法院及其审判人员都无权自主决定这种转化。

（2）数个减轻处罚情节竞合时的适用。当一个犯罪人同时具有数个减轻处罚情节时，在一般情况下，应选择与之相当的法定刑幅度最邻近的下一个法定刑幅度，根据减轻情节的情况和数目，逐步增大减轻刑罚的分量，直至罪刑相适用。此处存在的一个问题是：数个减轻处罚情节能否转化为免除处罚情节？对此，也存在肯定说、否定说和折中说三种观点。笔者认为，折中说是较为合理的，具体来说，是指数个减轻处罚情节能否转化为免除处罚情节，不能一概而论。根据案件的具体情况，如果犯罪的社会危害性特别严重，要是不考虑减轻情节，应当判处法定刑中比较重的刑罚，即使有数个减轻处罚情节，一般不应也不能转化为免除处罚，而只能根据减轻处罚情节的多少使减轻处罚的幅度有所加大；如果犯罪的社会危害性一般，要是不考虑减轻处罚情节，应当判处法定刑中比较轻的刑，在这种情况下，如果有数个减轻处罚情节并存的，就可以考虑转化为免除处罚。

（3）从轻处罚情节、减轻处罚情节与免除处罚情节的相互交叉竞合。这种交叉竞合具体又包括以下几种具体类型：

第一，从轻处罚情节与减轻处罚情节的竞合。对这种竞合，笔者认为，原则上应实行减轻处罚，但并不是像有些学者认为的那样，对从轻处罚情节不再予以考虑，从轻处罚情节至少还可以在以下两个方面发挥作用：其一，如果减轻处罚情节属于可以型减轻处罚情节，在一般情况下，审判人员尚有决定是否予以减轻的较大余地，但如果在同一案件中，行为人还具有从轻处罚情节的，审判人员一般应当决定予以减轻处罚。其二，在决定对犯罪人减轻处罚时，也要因行为人还存在从轻处罚情节这一从宽情节，而适当地增大减轻处罚的幅度。

第二，从轻处罚情节与免除处罚情节的竞合。对这种竞合，原则上应当对犯罪人免除处罚。但并不是说从轻处罚情节就不予以考虑：如果免除处罚情节属于可以型免除处罚情节，要是在一般情况下，审判人员尚有决定是否予以免除处罚的较大空间，但如果在同一案件中，行为人还具有从轻处罚情节，审判人员一般应当决定予以免除处罚。

第三，减轻处罚情节与免除处罚情节的竞合。对这种竞合，笔者认为，原则上应实行免除处罚。同样，减轻处罚情节在决定对可以型免除处罚情节予以免除处罚时应发挥作用。

第四，从轻处罚情节、减轻处罚情节和免除处罚情节三者的竞合。对这种竞合，原则上应倾向于免除处罚。

2．从严处罚情节竞合时的适用。由于我国现行刑法中只规定了从重处罚情节这一种从严处罚情节，因而从严处罚情节的竞合，实际上也就是数个从重处罚情节的竞合。对这种竞合，笔者认为，应在相应的法定刑幅度内，根据从重情节的多少，适当地增大从重的幅度，但最重也不能超过该法定刑幅度之法定最高刑，否则就变成了现行刑法已废止的加重处罚了。

（二）逆向竞合情节的适用

逆向量刑情节竞合，是指同一案件中的同一犯罪人既具有从宽处罚情节，也具有从严处罚情节。从宽处罚情节是对犯罪人的量刑产生有利影响的情节，而从严处罚情节是对犯罪人的量刑产生不利影响的情节，二者对量刑的影响作用相反。究竟是对犯罪人从宽处罚还是从严处罚？由此可见，量刑情节的逆向竞合产生了量刑情节的冲突问题。由于犯罪的复杂性，这种量刑情节的冲突在司法实践中较为普遍地存在。但对这种量刑情节的冲突问题究竟应如何处理，我国目前既无立法规定，也无司法解释。因而，在司法实践中的做法也就各不相同，这也导致量刑结果的各不相同。这不利于罪责刑相适应原则的实现。更有甚者，还可能导致有些审判人员徇私徇情，对本应从重处罚的犯罪分子予以从宽处罚，或者出于报复等动机对应从宽处罚的犯罪分子却从重处罚，从而滋生司法腐败。刑法学界对逆向竞合情节的处理也提出了一些解决办法。例如：

1. 整体综合判断说。这就是传统意义上的量刑之“估堆法”。该说认为，在从宽从严情节并存的情况下，要全面考虑案件的各种情节，通过综合分析来决定刑罚的轻重。至于怎样分析、如何综合判断，言之不详。不过有一点是明确的，就是不能一对一相互抵消，即“一般地说，对于既有从严情节又有从宽情节的犯罪分子，要综合分析案件的各种情节，全面考虑来决定刑罚的轻重，而不能仅根据其中某一情节来判处刑罚……对于既有从重情节又有从轻情节的犯罪分子，究竟是从轻还是减轻或者免除处罚，也应当根据案件的具体情况，进行综合分析，全面考察，适当量刑”①。并且认为：“既有从重情节又有从轻情节，既有加重情节又有减轻情节，就应都予以考虑。从轻情节和从重情节，加重情节和减轻情节，应予平衡，但也不能一对一相互抵消。”②

2. 绝对抵消说。该说认为，趋重趋轻情节同时具备的，应根据各情节所表示的轻重系数进行折抵。如果各情节所表示的系数相等，则相抵消，不增不减；如果所表示的系数不等，则将二者相抵后剩余的部分作为适用结果。举例来说，如果轻重情节与量州的系数分别为 -1 和 +1 时，两种冲突情节可相互抵消，表明社会危害程度不增不减；如果分别为 -3 和 +1 或 -1 与 +3 时，那就分别按 -2 或 +2 适用刑罚。此说不因量刑情节有优劣主从之分而分先后顺序适用，比如有论著指出：“趋轻趋重情节同时具备，如果调整幅度是对等的，则相抵消；不对等的，根据未抵消的部分进行调整。”③

3. 抵消及排斥结合说。此说认为，当冲突的两个情节与量刑轻重的系数对等

① 高铭暄主编：《中国刑法学》，中国人民大学出版社 1989 年版，第 278 页。

② 高铭暄主编：《中国刑法词典》，学林出版社 1989 年版，第 451 页。

③ 刘华：《道路交通肇事犯罪量刑模式初探》，载《政治与法律》1989 年第 4 期，第 53 页。

时，两冲突情节可互相抵消；当冲突的两个情节与量刑的轻重系数非对等时，将二者相抵后剩余的部分作为适用结果；“当由于某一情节的存在而使另一形式上与之冲突的情节变得无甚实际意义时，可采取排斥的方法”①。

4. 相对抵消说。该说认为，只有在量刑情节的功能完全对应并且无明显的主从优劣之分时，才能抵消。例如，从重对从轻、加重对减轻等。如果各种冲突的量刑情节对量刑的作用有主从优劣之分，应按先后顺序进行。例如，共存一加重情节和从轻情节，应先加重，然后再在加重后的刑罚幅度内考虑从轻。按这一思路，此说提出了确然情节（即“应当”情节）优先于或然情节（即“可以”情节），法定情节优先于酌定情节，适应量刑公正性的情节优先于适应量刑目的性的情节，以及适应个别预防目的性的情节优先适应一般预防目的性的情节的处理方案。②

5. 优势情节适用说。该说认为，当一案中轻重情节兼具时，应按应当情节优于可以情节，罪中情节优于罪前情节或罪后情节，应当的从宽情节优于应当的从严情节，以及法定量刑情节优于酌定量刑情节的原则处理。至于这种“优于”是指适用顺序上的优先（例如，先适用应当情节，然后以此为基础再适用可以情节），还是指适用上的排斥（例如，仅适用应当情节，而不适用可以情节），难辨其详。③

6. 分别综合判断说。该说认为，在从宽处罚情节与从严处罚情节并存的情况下，采取相互抵消的办法行不通。采取的方法是：“首先综合考虑从严处罚的所有情节，并据此确定一个拟判的刑罚，然后在此基础上，再综合考虑各种从宽处罚的情节，将拟判的刑罚适当往下降一些，作为最后对犯罪人判处的刑罚……这样既体现了从严处罚，又体现了从宽处罚。这样对全案按照先从严、后从宽的顺序考虑适用刑罚的诸种情节，可以避免顾此失彼，最后对犯罪人处以适当的刑罚。”④

笔者认为，以上六种观点中，绝对抵消说是较为合理的，其他学说都存在这样或那样的不足。

第一种观点（整体综合判断说）的不足主要在于：在实践中缺乏可操作性，这种“估堆”量刑方法，早已受到许多学者的批评，这也是以前司法实践中较多采用的做法，正是因为这种作法可操作性不强而审判人员的主观随意性太大，许多学者才提出了新的学说。

第三种观点（抵消及排斥结合说）其实和绝对抵消说差不多，无实质区别。

---

① 邱兴隆、许章润著：《刑罚学》，群众出版社1988年版，第293页。

② 邱兴隆、许章润著：《刑罚学》，群众出版社1988年版，第294页。

③ 马克昌主编：《刑法学全书》，上海科学技术文献出版社1993年版，第202页。

④ 周振想著：《刑罚适用论》，法律出版社1990年版，第286页。

该说认为的“当由于某一情节的存在而使另一形式上与之冲突的情节变得无甚实际意义时，可采取排斥的方法”不符合全面考虑量刑情节之基本原则。

第四种观点（相对抵消说）的不足主要在于：首先，该说提出的应当情节优于可以情节，法定情节优于酌定情节的这种排列量刑情节的主从优劣的做法值得商榷，这将在下文具体论述。其次，该说认为只有在量刑情节的功能完全对应时才能抵消。在1997年刑法修订前尚存在加重情节与减轻情节、从轻情节与从重情节这两对功能完全对应的量刑情节，但在1997年刑法修订后取消了加重情节，因而也就只存在从重情节与从轻情节这一对功能完全对应的量刑情节。可以说，逆向情节的竞合在多数情形下相对更多地表现为从重情节与减轻情节或免除情节这种功能不完全对应情节的竞合。而且，该说认为“应当”情节（“确然”情节）优于“可以”情节（“或然”情节），也就是说，即使是“应当”从轻处罚情节与“可以”从重处罚情节的竞合，或者是“可以”从轻处罚情节与“应当”从重处罚情节的竞合，也不能采用抵消法。这样的话，就只存在两种可抵消的情形了，即“应当”从重处罚情节与“应当”从轻处罚情节的竞合、“可以”从重处罚情节与“可以”从轻处罚情节的竞合。但是，综观我国现行刑法，并无“可以”从重处罚情节之规定，即没有属于法定情节的“可以”从重处罚情节，在司法实践中只存在酌定的“可以”从重处罚情节。按相对抵消说的观点，酌定情节和法定情节不可抵消，应先后适用，因而上述“可以”从重处罚情节与“可以”从轻处罚情节竞合时采用抵消法实际上也是不多见的，除非二者都是酌定情节。综上可见，相对抵消说之抵消适用的范围极窄，在绝大多数情形下还是适用优势情节说。

第五种观点（优势情节适用说）的不足主要在于：主张“应当情节优于可以情节”、“法定量刑情节优于酌定量刑情节”的含义语焉不详，是指“优先”还是“排斥”？如果是指排斥，就有违量刑时应考虑全部量刑情节的原则；如果是指优先，就意味着在处理逆向情节竞合时要突出主要情节，这还不如用绝对抵消说，反而能更好地解决。

第六种观点（分别综合判断说）的不足主要在于：一是该说虽然主张应对从严情节和从宽情节分别判断，但也还是“综合判断”，对如何综合、如何分析，仍无明确的办法，还是没能与“估堆法”彻底划清界限；二是该说认为应首先考虑从严处罚的所有情节，并据此确定一个拟判的刑罚，然后在此基础上，再综合考虑各种从宽处罚的情节，将拟判的刑罚往下降一些。可见，该种学说认为从严情节都是优先的主要情节，而从宽情节都是次要情节。这显然是不合理的，如果行为人有一个从重处罚情节、两个减轻处罚情节，按该种学说，应先按从重情节确定一个拟判的刑罚，然后再根据各个减轻情节对之适当往下降一些，这在许多情况下可能会造成轻罪重判之罪责刑不相适应的后果。

只有绝对抵消说能较好地克服上述观点的不足，既坚持量刑时应考虑全部量刑情节的原则，又提出了对量刑情节逆向竞合时的定量分析方法，从坚持罪责刑相适应原则的高度，妥当地处理了该种情况下如何对犯罪人量刑的问题。

（三）对量刑情节竞合时之优先原则的质疑

关于量刑情节竞合时应如何适用的问题，许多学者提出了所谓的优先原则，即“应当”情节优于“可以”情节；法定情节优于酌定情节；罪中情节优于罪前情节和罪后情节。还有学者提出：应当的从轻情节优于应当的从重情节；可以的从轻情节优于可以的从重情节。笔者认为，以上之优先原则值得商榷：

1. 对“应当”情节优于“可以”情节原则的质疑。尽管在刑事立法上将“应当”情节与“可以”情节加以区别规定，但就量刑情节的具体应用而言，“可以”情节必然要以“应当”情节的面目出现，换言之，要向“应当”情节转化，即要么“应当”要么不应当，而不可能存在既“可以”又“不可以”的具体量刑情节。例如，有立功表现是刑法第 68 条第 1 款前段规定的一种“可以”情节，立法中规定“可以”从轻或者减轻处罚。但在司法实践中的具体案件中，要么根据情况“应当”从轻或者减轻处罚。要么根据情况不“应当”从轻或者减轻处罚，而不可能存在既“可以”又不“可以”从轻或减轻处罚这种模棱两可的立功表现。因而，当一个案件中既有应当情节又有可以情节时，该可以情节如果根据情况不予考虑，也就不存在应当情节与可以情节的冲突了；如果根据情况应当予以考虑，可以情节也就转化成了应当情节，同样也就不会再存在应当情节与可以情节的冲突。

2. 对法定情节优于酌定情节原则的质疑。笔者认为，法定情节与酌定情节的差别只是法律规定的形式不同而已。换言之，刑法对法定量刑情节规定得较为明确具体，而对酌定量刑情节规定得较为抽象概括。作为法律用语，不能认为具体的规定和抽象、概括的规定之间存在冲突。例如，不能认为酌定从轻情节与法定从轻情节之间存在什么冲突。一种情节对量刑结果的影响力的大小，并不能断然认为法定情节比酌定情节大，如酌定减轻处罚情节对量刑结果的影响幅度就要大于法定从轻处罚情节，甚至大于法定从重情节。同样，酌定从重情节对量刑结果的影响幅度也不一定都小于法定的从轻情节。例如，故意杀人未遂案件中，未遂是法定的从宽情节，但如果行为人有犯罪手段残忍、动机卑劣等多种酌定从重情节，在这种情况下，坚持法定情节优于酌定情节是不符合罪责刑相适应原则的。

3. 对罪中情节优于罪前情节、罪后情节原则的质疑。这种仅仅根据量刑情节存在的时间先后的不同来确定适用时孰先孰后的做法是明显不妥的。仅就罪中情节和罪后情节来说，罪后情节对量刑结果的影响幅度就不一定比罪中情节轻。别说酌定情节，就是刑法有明文规定的法定情节中也大量存在罪后情节对量刑结果的影响幅度大于罪中情节的情形。例如，自首是罪后情节，根据刑法第 67 条第 1 款的规定，可以从轻或者减轻处罚，如果犯罪较轻的，可以免除。未遂犯是罪中情节，根据刑法第 23 条第 2 款的规定，可以比照既遂犯从轻或者减轻处罚。例如，如果行为人是未遂犯，且又属犯罪较轻、自首的，按罪中情节优先罪后情节说，最多只能给予行为人减轻处罚，而如果行为人没有未遂犯这一情节（即遂），仅有犯罪较轻而自首这一情节，相反还可给予免除处罚。由此可见，罪中情节优先于罪后情节说显然是荒谬的。

4. 对“应当的从轻情节优于应当的从重情节”和“可以的从轻情节优于可以的从重情节”原则的质疑。这两种原则显然是错误的，有轻纵犯罪分子之嫌，其原因就在于根本不考虑性质不同的量刑情节在量的方面的差异，甚至是较大的差异。

总之，上述原则都犯了无视性质不同的量刑情节对量刑结果的具体影响幅度之大小的差异的错误，而仅仅根据量刑情节之间的一些非本质性特征来确定适用时孰优孰劣、孰先孰后，这样不利于刑罚目的的实现，有悖罪责刑相适应之刑法基本原则。

（四）本案的处理

本案中，被告人闫某构成故意杀人罪、盗窃罪。被告人闫某具有累犯这一从重处罚情节（在刑满释放后5年内又犯罪），但也具有自首（整个故意杀人罪行）和犯罪未遂（部分故意杀人罪行）的从宽处罚情节，因此存在逆向量刑情节的竞合。根据绝对抵消说，其从重情节和从轻情节抵消后，从宽情节仍然不足以抵消从严情节。基于此，法院决定对之不予以从轻处罚，判决被告人闫某犯故意杀人罪，判处死刑，剥夺政治权利终身；犯盗窃罪，判处有期徒刑10年，剥夺政治权利2年，并处罚金人民币1万元，决定执行死刑，剥夺政治权利终身，并处罚金人民币1万元。

3. 孔某涉嫌盗窃案，李某涉嫌诈骗案

【基本案情】

案例一：2006年10月10日5时许，被告人孔某到其邻居宋某家中，采用爬窗、推门入室的手段，窃得现金2500余元。案发后，公安机关经过调查走访认为孔某有作案嫌疑。10月28日，公安机关依法传唤孔某至派出所。经讯问，孔某交代了盗窃犯罪的事实。

案例二：2008年4月8日，李某在盗窃自行车时被当场抓获，公安机关对李某作出了10天行政拘留的治安处罚。针对李某犯案后的心理表现，公安机关办案人员认为李某可能还涉及其他罪行，遂在第二天组织了对李某的突审。李某供出了一个网络诈骗犯罪团伙，其中李某参与作案六次，分得赃款12295元。

【主要问题】

1. 一般自首的成立条件应当如何具体认定？
2. 特别自首的成立条件应当如何具体认定？

3．被告人孔某和李某的行为是否构成自首？

【分析】

（一）一般自首的成立条件

一般自首，是指犯罪人在犯罪后自动投案，如实供述自己的罪行的情形。成立一般自首，必须同时具备以下两个条件：

1．犯罪以后自动投案。自动投案是一般自首成立的前提条件。在该要件的认定中应当注意以下问题：

（1）“自动投案”的含义。根据司法解释的规定，“自动投案”有狭义和广义之分。狭义的自动投案，也是真正意义上的自动投案，是指犯罪事实或者犯罪嫌疑人未被司法机关发觉，或者虽被发觉，但犯罪嫌疑人尚未受到讯问、未被采取强制措施时，主动、直接向公安机关、人民检察院或者人民法院投案。可见，狭义的自动投案从时间、主观、方式、对象四个方面进行了限制。时间限制是犯罪事实或者犯罪嫌疑人未被司法机关发觉，或者虽被发觉，但犯罪嫌疑人尚未受到讯问、未被采取强制措施；[①] 主观限制是主动而不是被动；方式限制是直接亲自到案而不是委托他人；对象限制是直接向公安机关、人民检察院或者人民法院投案，而不是向其他组织或个人。广义的自动投案。为了充分地发挥自首制度在鼓励罪犯投案、减少缉捕成本方面的刑事政策功能，在狭义的自动投案之外，司法解释对狭义的自动投案的三个限制条件作出了扩大解释。即将下列情形也视为自动投案：第一，犯罪嫌疑人向其所在单位、城乡基层组织或者其他有关负责人员投案的；[②] 第二，犯罪嫌疑人因病、伤或者为了减轻犯罪后果，委托他人先代为投案，或者先以信电投案的；第三，罪行未被司法机关发觉，仅因形迹可疑被有关组织或者司法机关盘问、教育后，主动交代自己的罪行的；第四，犯罪嫌疑人实施犯罪后潜逃至异地，其罪行尚未被异地司法机关发觉，仅因形迹可疑，被异地司法机关留置盘问、教育后，主动交代自己的罪行的；第五，犯罪后逃跑，在被通缉、追捕过程中，主动投案的；第六，经查实确已准备去投案，或者正在投案途中，被公安机关捕获的；第七，并非出于犯罪嫌疑人主动，而是经亲友规劝、陪同投案的；第八，公安机关通知犯罪嫌疑人的亲友，或者亲友主动报案后，将犯罪嫌疑人送去投案的。第1种情形扩大解释了对象限制，第2种情形扩大解释了方式

① 2009年3月12日最高人民法院、最高人民检察院《关于办理职务犯罪案件认定自首、立功等量刑情节若干问题的意见》规定：“犯罪事实或者犯罪分子未被办案机关掌握，或者虽被掌握，但犯罪分子尚未受到调查谈话、讯问，或者未被宣布采取调查措施或者强制措施时，向办案机关投案的，是自动投案。”

② 最高人民法院、最高人民检察院《关于办理职务犯罪案件认定自首、立功等量刑情节若干问题的意见》规定：“犯罪分子向所在单位等办案机关以外的单位、组织或者有关负责人员投案的，应当视为自动投案。”

限制，第3种情形扩大解释了对象限制和时间限制，第4种、第5种和第6种情形扩大解释了时间限制，第7种和第8种情形扩大解释了主观限制。

（2）接受审查和裁判是不是自首的成立条件？司法解释的这一规定，实际上已经窄于自动投案的字面含义。这源自于一个争议问题。1979年刑法第63条并未对自首的成立条件作出规定。1984年4月16日最高人民法院、最高人民检察院、公安部《关于当前处理自首和有关问题具体应用法律的解答》规定："对于犯罪分子作案后，同时具备自动投案、如实交代自己的罪行、并接受审查和裁判这三个条件的，都认为是自首。"但是1997年刑法第67条第1款只把"自动投案"和"如实供述自己的罪行"规定为自首的成立条件，未把"接受审查和裁判"列入其中，这引发了"接受审查和裁判"还是不是自首成立条件的争议。有人认为1997年刑法已将该条件取消而变成了两个条件，也有人认为"接受审查和裁判"可以包括在"自动投案"中，即"接受审查和裁判"是"自动投案"的必备要素之一。新的司法解释采取了后一种主张，规定"犯罪嫌疑人自动投案后又逃跑的，不能认定为自首"。

2．如实供述自己的罪行。如实供述自己的罪行是一般自首成立的实质条件。如实供述自己的罪行，是指如实交代自己的主要犯罪事实。在该条件的认定中应当注意以下问题：

（1）数罪的认定原则。犯有数罪的犯罪嫌疑人仅如实供述所犯数罪中部分犯罪的，只对如实供述部分犯罪的行为认定为自首。

（2）共同犯罪的认定原则。共同犯罪案件中的犯罪嫌疑人，除如实供述自己的罪行，还应当供述所知的同案犯，主犯则应当供述所知其他同案犯的共同犯罪事实，才能认定为自首。这就意味着在共同犯罪案件中，刑法第67条第1款中的"如实供述自己的罪行"之"自己的罪行"不能理解过窄，应当扩大到所知道的同案犯的犯罪事实。其应供述的共犯人的罪行的范围有两个限制：一是为他所知悉；二是共同犯罪故意范围内，共犯人的实行过限行为不包括在内。在共同犯罪案件中，对自首的，按自首处理；对未自首的，按未自首依法处理。需要注意的是，司法解释也规定，共同犯罪案件的犯罪分子到案后，揭发同案犯共同犯罪事实的，可以酌情予以从轻处罚。这实际上是对坦白也酌情从宽处罚的规定。

（3）翻供的情况如何处理。根据司法解释的规定，犯罪嫌疑人自动投案并如实供述自己的罪行后又翻供的，不能认定为自首，但在一审判决前又能如实供述的，应当认定为自首。

（4）对行为性质进行辩解是否能认定为"如实供述自己的罪行"。有关司法解释规定，被告人对行为性质的辩解不影响自首的成立，即只要对犯罪事实的陈述是客观的，就能认定为如实供述自己的罪行，至于其本人对所供事实的法律评价如何，不影响自首的认定。

（5）如实的含义。"如实供述自己的罪行"之"如实"是指客观真实，还是指符合行为人的主观认识。就像伪证罪的相关问题的认定一样，应当采取后一种标准。如果确实因为认识错误而导致其所供述的内容与客观事实不符的，不影响认定为如实供述自己的罪行，尤其在认定共同犯罪案件中应当注意，不能因为行为人未能供述其确实不知情的同案犯的罪行或者因认识错误而供述有出入的而一概不认定为自首。

（二）特别自首的成立条件

特别自首，也称准自首或者余罪自首，是指被采取强制措施的犯罪嫌疑人、被告人和正在服刑的罪犯，如实供述司法机关还没有掌握的本人其他罪行。规定特别累犯制度的目的在于充分发挥其鼓励主动交代犯罪、减少司法成本的刑事政策功能。成立特别自首应同时具备以下两个条件：

1. 行为人是已经被采取强制措施的犯罪嫌疑人、被告人和正在服刑的罪犯。特别自首的主体条件是，已经被采取强制措施的犯罪嫌疑人、被告人和正在服刑的罪犯。具体包括三种人：已经被采取强制措施的犯罪嫌疑人；已经被采取强制措施的被告人；正在服刑的罪犯。“强制措施”，是指刑事诉讼法规定的拘传、取保候审、监视居住、拘留和逮捕五种刑事强制措施，不包括劳动教养、行政拘留等其他强制措施。被采取行政拘留等非刑事强制措施的人可以成立一般自首。对这些主体之所以适用特别自首，是因为其已经不可能符合普通自首的自动投案条件，因为他们属于已经在案的人。正在服刑的罪犯不以处于监禁状态为必要，在监外执行期间和被管制或被剥夺政治权利期间，都属于“正在服刑的罪犯”。需要指出的是，“已被采取强制措施的被告人”既包括宣判前的被告人，也包括宣判后判决生效之前的被告人；“服刑的罪犯”，既包括已移送执行的罪犯，也包括已宣判但尚未交付执行的罪犯。

2. 如实供述司法机关还未掌握的本人其他罪行，这是特别自首成立的实质条件。在该条件的适用中应当注意以下问题：

（1）“司法机关还未掌握的本人其他罪行”的含义。根据司法解释的规定，“司法机关还未掌握的本人其他罪行”的认定必须同时具备两个条件：一是司法机关还未掌握。即必须是司法机关尚未掌握的罪行，既包括犯罪事实尚未被司法机关发觉，也包括犯罪事实已被发觉但未确定犯罪嫌疑人的。根据司法解释的规定，没有自动投案，在办案机关调查谈话、讯问、采取调查措施或者强制措施期间，犯罪分子如实交代办案机关掌握的线索所针对的事实的，不能认定为自首。但是，如果办案机关所掌握线索针对的犯罪事实不成立，在此范围外犯罪分子交代同种罪行的，可以成立自首。[①] 二是其他罪行。对“其他罪行”在理论上有不同的理解，有的认为是指未被掌握的罪行（包括罪名相同的罪行和罪名不同的罪行），有

① 2009年3月12日最高人民法院、最高人民检察院《关于办理职务犯罪案件认定自首、立功等量刑情节若干问题的意见》。

的认为仅限于与被掌握的罪行罪名不同的罪行。前者从形式上来理解“其他”，后者则从实质上来理解“其他”。显然前者对被告人有利，但司法解释采取后一种主张，认为“司法机关还未掌握的本人其他罪行”是指与司法机关已掌握的或者判决确定的罪行属不同种的罪行。例如，甲因盗窃普通财物被判处有期徒刑，在服刑期间又主动交代其尚未被司法机关掌握的盗窃珍贵文物的犯罪事实。根据司法解释的规定，该案不能认定为自首。

（2）“如实供述司法机关尚未掌握的同种罪行”的行为如何处理。根据司法解释的规定，被采取强制措施的犯罪嫌疑人、被告人和已宣判的罪犯，如实供述司法机关尚未掌握的罪行，与司法机关已掌握的或者判决确定的罪行属同种罪行的，虽然不能构成特别自首，但可以成为法定的从宽处罚情节，可以酌情从轻处罚，如实供述的同种罪行较重的，一般应当从轻处罚。这也是为了鼓励犯罪分子主动交代犯罪，减少司法成本。2009 年 3 月 12 日最高人民法院、最高人民检察院《关于办理职务犯罪案件认定自首、立功等量刑情节若干问题的意见》规定了两种“如实交代犯罪事实”但不构成自首的情形的处理办法：第一，犯罪分子依法不成立自首，但如实交代犯罪事实，有下列情形之一的，可以酌情从轻处罚：办案机关掌握部分犯罪事实，犯罪分子交代了同种其他犯罪事实的；办案机关掌握的证据不充分，犯罪分子如实交代有助于收集定案证据的。第二，犯罪分子如实交代犯罪事实，有下列情形之一的，一般应当从轻处罚：办案机关仅掌握小部分犯罪事实，犯罪分子交代了大部分未被掌握的同种犯罪事实的；如实交代对于定案证据的收集有重要作用的。

（三）本案的处理

根据以上分析，案例一中的被告人孔某是在公安机关调查走访确定其有嫌疑并且依法传唤、讯问后才交代犯罪事实的，不应当认定为主动投案，从而不构成自首；而案例二中的被告人李某在治安拘留期间，交代了司法机关所不掌握的诈骗犯罪事实，符合特殊自首的成立条件，因此成立自首。

（二）思考案例

1. 案例一

被告人赵某因犯贩卖毒品罪于 2002 年被判处有期徒刑 3 年。刑满释放后，赵某仍继续从事毒品犯罪活动并于 2008 年被抓获。法院经审理认定赵某的行为构成贩卖毒品罪。

问：赵某属于累犯还是再犯？

2. 案例二

被告人赵某，因犯流氓罪、故意伤害罪于 1995 年 9 月 20 日被判处有期徒刑 6 年，1999 年 12 月 26 日被释放。2004 年 9 月 1 日夜，赵某伙同他人从本村村委会仓库盗窃生铁管八九根、旧电机一台，后卖给废品收购站，得款1260元。案发后，旧电机被退还村委会。经鉴定，他们所盗物品价值共计1734元。当地法院经审理，认为被告人赵某等人的行为已构成盗窃罪，且系在被判处有期徒刑刑满释放后5年内重新犯罪，系累犯，应从重处罚。根据我国刑法第264条及最高人民法院《关于审理盗窃案件具体应用法律若干问题的解释》第6条的规定，2004年12月14日，以犯盗窃罪判处被告人赵某有期徒刑3年，并处罚金人民币2000元。一审判决宣告后，被告人赵某以原判量刑过重为由，提出上诉。当地中级人民法院经过审理，认为原判事实清楚，证据确实、充分，定罪准确，但原判认定赵某为累犯而判处有期徒刑3年的刑罚不当。依法于2005年3月1日作出改判：上诉人（原审被告人）赵某犯盗窃罪，判处拘役6个月，并处罚金人民币1000元。

问：如何理解累犯的处罚原则？对赵某的行为如何处罚更为妥当？

3. 案例三

2007年6月3日10时许，犯罪嫌疑人王某驾驶小轿车行驶至国道321线2043米时，因操作不当与同方向右侧道路边上的行人曾某相撞，曾某经抢救无效死亡，案发后王某立即停车拨打了120并在现场等候交警来处理。

问：王某的行为是否属于自首？

4. 案例四

被告人孙某于2006年5月20日16时15分许驾驶重型货车违反交通信号灯规定行驶，造成被害人徐某当场死亡、张某受重伤的重大交通事故。公安机关事故责任认定，被告人孙某是本起交通事故的全部过错方，负全部责任。被告人孙某肇事后，弃车离开现场。次日下午，被告人孙某向公安机关投案。

问：孙某肇事逃逸后自动投案，如实供述自己罪行，能否认定为自首？

5. 案例五

周某因抢劫罪一审被判处死刑，在上诉期间他向同监室的李某称：如果能有立功表现可以改判死缓。李某提出与他做交易，称自己另有一起在公共汽车上抢劫的事实未被公安机关发现，如周某愿意让家人汇款两万元给他家属，就将这起犯罪事实告诉他让他举报立功。周某同意，并让家人汇两万元给李某家属。后李某将这起抢劫的犯罪情况告诉周某，周某便将这收买的线索向侦查机关举报，并经查证属实。

问：周某购买线索举报犯罪的行为能否成立立功？

十、追诉时效

（一）案例分析

沈某涉嫌行贿案

【基本案情】

被告人沈某，男，1960年10月16日生。

1995年4月，被告人沈某为感谢某实验小学校长王某同意其违规挂靠的市大成建筑总公司参加该校宿舍楼的竞标得以中标，并为结算工程款得到王某的关照，向王某行贿人民币1万元。1998年5月、1999年10月，被告人沈某为让集体所有制企业县塑料厂厂长张某、集体所有制企业县原种轧花厂厂长陈某同意其违规挂靠的县建筑工程有限总公司参加塑料厂综合楼、原种轧花厂的综合竞标，先后向张某、陈某行贿人民币共计6万元。

2006年年初，检察机关在对张某受贿一案侦查过程中，张某交代了沈某向其行贿的事实，检察机关遂对沈某进行审查，在此期间，被告人沈某又主动交代了向王某行贿的事实。

2006年9月25日，县人民检察院以被告人沈某犯行贿罪向县人民法院提起公诉。被告人沈某对公诉机关指控的犯罪事实无异议，认为是自己主动交代了行贿事实，应作自首论，请求从轻处理。辩护人提出本案已超过追诉时效的辩护意见，认为被告人沈某于1995年4月向王某行贿1万元是事实，但根据刑法的规定，已过追诉期限，不应追究刑事责任。1998年5月、1999年10月先后向张某、陈某行贿共计6万元亦是事实，由于他们不是国家工作人员，而是公司、企业的法定代表人，只能构成对公司、企业人员行贿罪，且已过追诉期限，也不应追究刑事责任。

【主要问题】

1. 如何理解我国刑法规定追诉时效期限？
2. 追诉时效期限如何计算？
3. 本案如何处理？

【分析】

追诉时效，是指刑法规定的对犯罪人追究刑事责任的有效期限。在追诉时效内，司法机关或者有告诉权的人有权追究犯罪人的刑事责任；超过追诉时效，则不得再行追诉，已经追诉的，应撤销案件，或不予起诉，或终止审判。我国刑法规定追诉时效制度，具有以下重要意义：（1）符合我国刑罚的目的。对犯罪分子追究刑事责任，目的在于通过惩罚、教育，将犯罪分子改造成为自食其力的新人。如果犯罪分子犯罪后在相当长的时间内没有再犯新罪，说明业已改恶从善，不致再危害社会，再追究其刑事责任，已没有什么实际意义；（2）有利于司法机关的工作。司法机关最主要的任务是打击现行犯罪。而犯罪以后，时间经过越长，调查收集证据的工作就越困难，往往花费大量人力、物力和时间，案件事实仍难以查清。规定追诉时效制度，有利于司法机关摆脱陈年旧案的拖累，集中力量做好打击现行犯罪的工作；（3）有利于维护社会的稳定。对于有些发生在人民群众之间、危害较轻的犯罪，经过一定时间后，被害人与加害人之间往往已经冤解恨消，甚至和睦相处。如果时隔多年再翻历史旧账，反而不利于社会秩序的稳定。

追诉时效制度的核心是追诉时效期限。我国刑法中追诉时效期限的长短，是根据犯罪的法定刑确定的。法定刑重，说明犯罪的社会危害性严重、犯罪人的人身危险性大，因而追诉时效期限就长；反之，法定刑轻，说明犯罪的社会危害性较轻、犯罪人的人身危险性较小，所以追诉时效的期限就短。根据我国刑法第87条的规定，犯罪经过下列期限不再追诉：法定最高刑为不满5年有期徒刑的，经过5年；法定最高刑为5年以上不满10年有期徒刑的，经过10年；法定最高刑为10年以上有期徒刑的，经过15年；法定最高刑为无期徒刑、死刑的，经过20年。如果20年以后认为必须追诉的，须报请最高人民检察院核准。

理解上述规定时，需要注意的是，“以上”包括本数在内；“不满”不包括本数。“法定最高刑”，是指主刑的法定最高刑，而且应当理解为是在刑法分则有关某种犯罪规定的条文中，适用于具体犯罪案件的某一量刑幅度内的最高刑，而并非一定是该条文所规定的该种犯罪的最高刑罚。由于刑法规定的条款不同，追诉时效期限确定，具体包括以下几种情形：

（1）在一个刑法条文中，只规定了一个量刑幅度并且是单一主刑的，以该主刑或者该主刑的最高期限为标准，确定追诉时效的期限。例如，刑法第133条之一规定的危险驾驶罪的法定刑是拘役，属于法定最高刑为不满5年有期徒刑的情况，因而追诉时效应为5年。

（2）在一个刑法条文中，只规定了一个量刑幅度但有两种以上主刑的，应以最重主刑或者最重主刑的法定最高刑为标准，确定追诉时效的期限。例如，刑法第242条第2款规定的聚众阻碍解救被收买的妇女、儿童罪的法定刑是5年以下有期徒刑或者拘役，其最重主刑是有期徒刑，最高期限是5年，属于法定最高刑为5年以上不满10年有期徒刑的情况，因而追诉时效期限应为10年。

(3) 在一个或两个以上刑法条文中，因犯罪情节不同而规定有数个量刑幅度的，以与具体案件罪行轻重相适应的量刑幅度的最高刑为标准，确定追诉时效的期限。例如，刑法第109条规定叛逃罪有两个量刑幅度，一般情形下处5年以下有期徒刑、拘役、管制或者剥夺政治权利，属于法定最高刑为5年以上不满10年有期徒刑的情况，其追诉时效期限应为10年；情节严重的，处5年以上10年以下有期徒刑，属于法定最高刑为10年以上有期徒刑的情况，其追诉时效期限应为15年。

追诉期限的起算，根据刑法第89条的规定，通常情况下，从犯罪之日起计算。所谓犯罪之日，是指犯罪行为停止或者结果发生之日。犯罪行为停止包括被迫停止、自动停止或者完成。例如，预备犯可以从其预备行为停止之日计算其追诉时效，未遂犯从实行行为被迫停止或实施终了之日计算其追诉时效，行为犯从行为完成之日计算其追诉时效，结果犯从法定结果发生之日计算其追诉时效，等等；如果犯罪行为有连续或者继续状态的，从犯罪行为终了之日计算。连续犯的行为终了之日，是指最后一次犯罪行为结束之日。继续犯的行为终了之日，是指犯罪行为持续状态的结束之日。如果行为人在追诉期限以内又犯罪的，无论所犯新罪的性质及其刑罚轻重如何，均发生追诉时效中断，即前罪所经过的时效期间归于无效，前罪的追诉期限要从所犯新罪之日起重新计算。

在追诉时效进行期间，由于发生法定的原因，还会导致追诉时效的无限期延长，即司法机关对犯罪分子刑事责任的追诉不受追诉时效期限的限制。根据刑法第88条的规定，法定原因包括两种情形：一是在人民检察院、公安机关、国家安全机关立案侦查或者在人民法院受理案件以后，逃避侦查或者审判的；二是被害人在追诉期限内提出控告，人民法院、人民检察院、公安机关应当立案而不予立案的。规定诉讼时效中断，体现了我国刑法对再犯从严的原则，符合我国宽严相济的刑事政策精神。

本案被告人沈某的行为涉及犯罪事实，一个是向某实验小学校长王某行贿人民币1万元的行为；另一个是向塑料厂厂长张某、原种轧花厂厂长陈某行贿人民币共计6万元的行为。这两个行为如何定性以及涉及的法定刑轻重，直接决定追诉时效的计算。

沈某向王某行贿行为的性质涉嫌行贿罪。该行为发生的时间是在1995年4月，当时施行的法律是1988年1月21日通过的全国人大常委会《关于惩治贪污贿赂罪的补充规定》（以下简称《补充规定》）。《补充规定》第8条第1款规定："对犯行贿罪的，处五年以下有期徒刑或者拘役；因行贿谋取不正当利益，情节严重的，或者使国家利益、集体利益遭受重大损失的，处五年以上有期徒刑；情节特别严重的，处无期徒刑，并处没收财产。"而1997年10月1日施行的现行刑法第390条第1款规定："对犯行贿罪的，处五年以下有期徒刑或者拘役；因行贿谋取不正当利益，情节严重的，或者使国家利益遭受重大损失的，处五年以上十年以下有期徒刑；情节特别严重的，处十年以上有期徒刑或者无期徒刑，可以并处没收财产。”可见，新旧刑法对普通行贿罪规定的法定刑是相同的。从情节上看，本案属于普通行贿，按照从旧兼从轻原则，沈某向王某行贿的行为应适用《补充规定》，其法定最高刑为5年，追诉时效期限应为10年。

沈某向塑料厂厂长张某、原种轧花厂厂长陈某行贿人民币共计6万元的行为，涉嫌刑法原第164条规定的对公司、企业人员行贿罪。① 最后一次犯罪时间是1999年10月。根据刑法第164条的规定，为谋取不正当利益，给予公司、企业的工作人员以财物，数额较大的，处3年以下有期徒刑或者拘役；数额巨大的，处3年以上10年以下有期徒刑，并处罚金。沈某对张某、陈某行贿的数额尚未达到数额巨大的程度，因而应适用“三年以下有期徒刑或者拘役”的量刑幅度，其法定最高刑为3年，追诉时效期限应为5年。

司法机关对本案沈某犯罪行为的查处时间是2006年，由于本案中对公司、企业人员行贿罪的追诉时效期限是5年，起算时间是1999年10月，截止时间应该是2005年10月，因此沈某所犯的对公司、企业人员行贿罪已过追诉时效，不能对其追究刑事责任。本案中的行贿罪的追诉时效期限是10年，起算时期是1995年4月，截止时间是2005年4月。因此，如果不存在法定原因导致诉讼时效发生中断的话，到2006年沈某所犯的行贿罪本来已经超过了诉讼时效期，不能再对其追究刑事责任。但是，沈某于1998年、1999年先后两次向张某、陈某行贿，属于在行贿罪的追诉期限内又犯罪的情形。根据刑法第89条的规定，其行贿罪的追诉期限要从其犯对公司、企业人员行贿罪之日起重新计算。也就是说，沈某的行贿罪的追诉时效期要重新从1999年10月开始起算，到2009年10月才截至。所以，在2006年司法机关对其行贿罪进行查处时，并未超过追诉时效期，司法机关仍可以追究其刑事责任。

本案经县人民法院审理认为，被告人沈某为谋取不正当利益，给予国家工作人员王某以财物，其行为已构成行贿罪，应予处罚。公诉机关指控的事实和罪名成立，予以支持。被告人沈某的辩护人提出行贿行为发生在1995年，已超过追诉期，不应再追究其刑事责任的辩护意见，经查，被告人沈某所犯行贿罪的法定刑为5年以下有期徒刑或者拘役，其追诉期限应为10年，而被告人沈某在1998年5月、1999年10月实施了对公司、企业人员行贿的犯罪行为，故其行贿罪的追诉期限应从犯后罪之日（即1999年10月）起计算，其对公司、企业人员行贿罪本身

---

① 2006年6月29日全国人大常委会通过的《刑法修正案（六）》把刑法第164条修改为：“为谋取不正当利益，给予公司、企业或者其他单位的工作人员以财物，数额较大的，处三年以下有期徒刑或者拘役；数额巨大的，处三年以上十年以下有期徒刑，并处罚金。”这样，罪名相应改为对非国家工作人员行贿罪。

超过追诉期限的事实亦不影响对其行贿罪追诉期限的重新计算，故辩护人的该辩护意见不能成立，不予采纳。被告人沈某案发前主动交代了向王某行贿的事实，应认定其自首，依法从轻处罚，被告人及辩护人就此提出的辩护意见成立。据此，法院判决被告人沈某犯行贿罪，判处拘役3个月，缓刑6个月。

（二）思考案例

被告人王某因犯敲诈勒索罪，于1995年9月25日被某区人民法院判处有期徒刑8年。在被投入某劳动改造管教支队服刑后，因认为原判刑罚过重而产生脱逃念头。1996年9月25日下午，王某利用在监外工地单独劳动又无人看管的机会逃跑。脱逃后，王某化名白某，先后在全国各地辗转打工，后与女青年吴某以夫妻名义共同生活，并生育一子一女。2002年1月底，王某携全家回福建省老家，向当地村干部交代了自己脱逃的经过，并于同年2月24日主动到当地公安机关派出所投案自首。从脱逃到自首，王某脱离监管时间共计5年5个月。

人民检察院对被告人王某以脱逃罪提起公诉，被告人王某及其辩护人称，王某的脱逃行为已过追诉时效，不应再追究其刑事责任。人民法院没有支持被告人王某及其辩护人的辩护意见，判处被告人王某犯脱逃罪，加处有期徒刑3年，加上盗窃罪的余刑7年，决定执行有期徒刑10年。

问：人民法院对被告人王某脱逃案处理正确吗？对王某脱逃案的诉讼时效期应如何计算？